TOP 20 Greatest Speeches of Kamala Harris

카멀라 해리스 명연설문 베스트 ★ 20

영어발음, 청취력 강화 +
TOEIC, OPIc 리스닝 & 스피킹, 번역 완벽대비

카멀라 해리스 명연설문 베스트 20

저 자 강홍식
발행인 고본화
발 행 탑메이드북
교재 제작 · 공급처 반석출판사
2024년 11월 20일 초판 1쇄 인쇄
2024년 11월 25일 초판 1쇄 발행
홈페이지 www.bansok.co.kr
이메일 bansok@bansok.co.kr
블로그 blog.naver.com/bansokbooks

07547 서울시 강서구 양천로 583. B동 1007호
(서울시 강서구 염창동 240-21번지 우림블루나인 비즈니스센터 B동 1007호)
대표전화 02) 2093-3399 **팩 스** 02) 2093-3393
출 판 부 02) 2093-3395 **영업부** 02) 2093-3396
등록번호 제315-2008-000033호

ISBN 978-89-7172-997-7 (13740)

TOP 20 Greatest Speeches of Kamala Harris

카멀라 해리스 명연설문 베스트 ★ 20

탑메이드북

〈리더들의 명연설문 베스트 30〉, 〈영국 명연설문 베스트 30〉, 〈힐러리 클린턴 명연설문 베스트 30〉에 이어 이번에 〈카멀라 해리스 명연설문 베스트 20〉까지 출간하게 되어 지금 많이 흥분한(pretty thrilled) 상태에서 머리말을 쓰고 있습니다.

영어 명연설문이 영어도사급 영어실력자가 되고자 하는 한국의 영어학도들에게 강력히 추천하는 교재라고 이미 여러 차례 강조한 바 있습니다. 그래서 이번 〈카멀라 해리스 명연설문 베스트 20〉에서는 이 책을 여러 번 정독하고나서 영어실력이 10단계 수준을 최고 단계로 봤을 때, 현재 3, 4, 5, 6단계 수준에 있는 분들이 지금 수준에서 2단계이상 올라가기 위해서는 이 책을 어떻게 공부하고 활용해야 하는지를 요약해서 알려드리는 방식을 취해 지난 세 차례의 머리말과는 차별화하고자 합니다.

이 책을 구입하셨다면 이렇게 공부하세요.

First, 20개 Speech의 영어 스크립트 길이는 A4 용지 기준으로 약 40여 쪽이 되는데 이 40여 페이지를 하루에 다 외울 수는 없으니까 거의 다 외우는 기간으로 각 개인에 따라/사정에 따라 다르겠지만 기본적으로 40~60일 사이에 다 외우겠다는 계획을 세우십시오. 거의 다 외울 정도로 이 책에 있는 연설문 스크립트를 읽으려면 각 페이지별로 최소 30번 이상은 음원을 들으면서 읽어봐야 할 겁니다.

Second, 영어 연설문을 읽을 때 이런 문장, 이 부분은 해석이 없다면 이해하지 못했을거야 라고 생각되는 문장이나 구간은 반드시 번역을 확인하여 영문을 이해하도록 해야 합니다. 무슨 뜻인지 모른 채 외워서는 안되니까요.

카멀라 해리스 명연설문 베스트★20

Third, 영문 스크립트를 읽을 때, 이런 곳이 발견될 때가 있습니다. "와, 아무리봐도 이 문장은 참으로 멋진 문장이네."라고 감탄하는 문장이나 표현을 발견하면 그런 곳들은 30번이 아니라 50번을 읽어서 완전히 머릿속에 입력시켜 놓아야 합니다.

예를 들어, We have so much more in common than what separates us. (우리에게는 우리를 갈라놓는 것보다는 공통점이 훨씬 더 많습니다.)와 같은 문장들은 좀 더 많이 봐 두어야 합니다. 그래야만 외워둔 명문장들을 언젠가 작문 시 회화시 써먹을 수 있으니까요. 이렇게 해서 책 구입 후 약 두 달 후쯤 영어원문을 다 외우게 되면 작문, 회화, 듣기, 발음실력만 강화되는 것이 아니라 정확한 영어 문장들을 많이 외워 둔 덕택에 혹시 독자들이 영문법 시험을 치를 기회가 있을 때 문법적으로 따져서, 문법적인 지식을 이용해서 영문법 문제의 정답을 맞추는 게 아니라 그냥 감각적으로 틀린 보기, 정답 보기를 구별할 수 있을 정도로 영문법실력이 더 한 층 업그레이드 될 수 있습니다.

Fourth and finally, 〈카멀라 해리스 명연설문 베스트 20〉을 다 외우면 당연히 영어실력이 급격히 향상되지만 거의 네이티브 수준인 최고 단계 10단계에 도전하기 위해서는 명연설문외에 틈틈히 영어뉴스(CNN, ABC, NBC 등)나 인기 미드나 시사잡지(Time, Economist 등) 중 한, 두 가지를 추가 병행해서 하루 한 시간이상 영어실력 유지 및 강화에 투자하는 영어에 대한 열정이 요구된다는 것을 강조하면서 I close my foreword(머리말).

Author **강홍식**

목차

mp3파일을 들으면서 영문을 함께 읽어 나가면 수준 높은 명문을 감상할 수 있을 뿐 아니라 영어 실력도 동시에 향상시킬 수 있습니다.

카멀라 해리스
명연설문
베스트 ★ 20

목차

Who is Kamala Harris?

1964년생 카멀라 해리스는 자메이카 출신인 경제학자 아버지와 인도 출신 과학자 어머니 사이에서 태어났다. 워싱턴 D.C. 소재 명문 하워드대에서 정치학, 경제학을 전공한 후 캘리포니아 대학교 헤이스팅스 로스쿨에서 법학 박사 학위를 취득했다. 오클랜드 앨러미다 군에서 검사 생활을 시작한 그녀는 흑인 여성 최초로 샌프란시스코 검사장을 거쳐 2011년 1월 제 32대 캘리포니아 주 검찰총장 겸 법무장관으로 취임한다. 이때부터 전국적으로 이름이 알려지기 시작했다. 법무장관 재임 시, 범죄예방을 위한 다양한 혁신적인 프로그램을 도입하여 캘리포니아 주민들 사이에서 인기가 높았다. 법조인으로 두각을 보였던 그녀는 2016년 캘리포니아 주 민주당 연방상원의원으로 당선되면서 중앙 정계에 입문한다. 카멀라 해리스 자서전을 포함해 여러 권의 베스트셀러 저자이기도 한 그녀는 2020년 민주당 대선 경선에 뛰어들었다가 경험부족, 자금 부족 등으로 중도하차한다. 하지만 조 바이든 대선 후보에 의해 부통령 러닝 메이트로 지명되어 2020년 대선에서 부통령으로 당선되었다. 잘 아시다시피 조 바이든 대통령이 트럼프와의 대선 토론시 저지른 결정적인 실수는 바이든의 대선후보 사퇴로 이어졌다. 바이든의 갑작스러운 대선후보직 사퇴로 민주당의 대선후보로 지명된다. 선거를 불과 몇 달 앞두고 대선후보로 지명된 그녀는 갑자기 후보로 지명된 탓에 준비기간 부족, 선거전략과 관련해서 유권자들의 마음을 움직이는 콘텐츠 부족, 불안정한 경제상황 등 여러 가지 요인으로 11월 5일 대선에서 패배했다. 가족으로는 2014년 결혼한 동갑내기 백인 변호사 더글러스 엠호프와 전처가 낳은 두 사녀가 있다.

Campaign Speech in a swing state

경합주에서 선거 유세 연설

2024년 10월 3일. 리펀, 위스콘신 주

2024년 11월 대선에서 최대 격전지 7개 중 하나인 위스콘신 주에서 행한 선거유세연설이다. 한 표가 아쉬운 상황에서 공화당의 유력 정치인인 Liz Cheney 전 공화당 하원의원이 이날 유세장에 합류하여 해리스 지지를 호소했다. 해리스의 입장에서는 천군만마를 얻은 기분으로 유세를 했었을 것이다.

And so, I — I do want to say a bit more about Liz Cheney. You all know her leadership, and she has obviously, and so importantly, been a leader for the people of Wyoming, but she has also been an extraordinary national leader and has served with great honor.

And she not only, as she has talked today, recognizes that character is among the most important attributes of leadership, but she also personifies that attribute. And she possesses some of the qualities of character that I most respect in any individual and any leader: courage, especially at a moment like this, where there are so many powerful forces that have been intent on trying to demean and belittle and make people afraid.

Check the Vocabulary

attribute 특질, 특성, 자질 | **personify** 의인화하다, 상징하다 | **intent** 열중하는, 의도, 의향 | **demean** 비하하다, 품위를 손상시키다 | **belittle** 얕보다, 무시하다

전 또한 Liz Cheney에 대해 좀 더 말씀드리고 싶습니다. 여러분 모두 그녀의 리더십을 압니다. 그녀는 분명히 그리고 아주 중요하게 Wyoming주 주민들의 지도자로 일하셨습니다만 그녀는 또한 뛰어난 국가 지도자로서 명예롭게 봉사하셨습니다.

그녀는 오늘 그녀가 말한 바와 같이 인격은 리더십에서 가장 중요한 자질 중 하나임을 깨달으시고 그 자질을 체현하시는 분입니다. 그녀에게는 제가 어느 개인이나 리더에게서 가장 존경하는 성품들 중 일부가 있습니다. 용기요. 너무 많은 강력한 세력들이 비하하고 얕잡아 보고 사람들을 두렵게 하느라고 여념이 없는 특별히 지금과 같은 때에 용기를 가지고 계신 분입니다.

And there are many who know it is wrong, and then there are those who have the courage to speak out loudly about it and the conviction to speak truth. And, you know, it is so admirable when anyone does it, and especially when it is difficult to do in an environment such as this. But Liz Cheney really is a leader who puts country above party and above self, a true patriot and it is my profound honor — my profound honor to have your support.

And I also want to thank your father, Vice President Dick Cheney, for his support and what he has done to serve our country.

Check the Vocabulary

conviction 신념, 확신 | **admirable** 감탄할 만한, 훌륭한 | **patriot** 애국자

잘못된 것을 알고는 그 잘못에 대해 공개적으로 큰 소리로 말할 용기와 진실을 말할 신념을 갖고 있는 분들이 많습니다. 아시다시피, 누군가가 그런 행동을 보인다면, 특히 지금과 같은 환경에서 그렇게 하기가 힘들 때는 대단히 경탄할 만합니다. 하지만 Liz Cheney는 당과 자신보다는 나라를 우선시 하는 지도자, 진정한 애국자이십니다. 그래서 당신의 지지를 받게 된 것은 제겐 깊은 영광입니다.

저는 또는 당신의 아버님 Dick Cheney 전 부통령이 제에게 지지를 보내주시고 우리 나라를 위해 봉사하기 위해 하신 일에 대해 감사드리고 싶습니다.

Check the Vocabulary

Every endorsement matters, and this endorsement matters a great deal, Liz. And it carries the spicals — special significance, because, as you said, we may not see eye to eye on every issue, and we are going to get back to a healthy two-party system — I am sure of that — where we will have vigorous debates.

And as you said, you may not have — have supported a Democrat for president before, but as you have also said, we both love our country, and we revere our democratic ideals. And we both also believe in the nobility of public service, and we know that our oath to uphold the Constitution of the United States of America is a sacred oath — an oath that must be honored and must never be violated.

And your words today and the reason we are all here today, I think, really do underscore perhaps one of the most fundamental questions that is facing the American people in this election: Who will obey that oath? Who will abide by the oath to preserve, protect, and defend the Constitution of the United States of America? I have had the privilege.

Check the Vocabulary

matter 중요하다 | **see eye to eye** 의견을 같이 하다 | **vigorous** 활발한, 격렬한 | **revere** 존경하다 | **nobility** 고귀함, 고결, 거룩함 | **violate** 위반하다 | **underscore** 강조하다

지지는 모두 다 중요합니다만 이번 지지는 대단히 중요합니다, Liz씨. 그리고 이 지지는 특별한 의미를 지니고 있습니다. 왜냐하면 당신이 말했듯이, 우리는 모든 쟁점에 대해 의견을 같이 하지 않을 수도 있지만 우리는 건전한 양당 제도로 돌아갈 것이기 때문입니다. 저는 그걸 확신합니다. 우리가 활발한 논쟁을 벌이게 되는 양당 제도로 말입니다.

아까 말씀하셨듯이, 당신은 과거에는 대통령으로 민주당원을 지지하지 않았을 것입니다만 말씀하신대로, 우리는 둘 다 우리나라를 사랑하고 우리의 민주주의적인 이상을 존경합니다. 우리는 또한 공직의 고귀함을 믿고 있고 우리는 미국 헌법을 지키겠다는 우리의 선서가 신성한 선서임을 알고 있습니다. 지켜야 하고 절대로 위반해서는 안되는 선서를 말입니다.

오늘 하신 말씀과 우리 모두 오늘 여기 나온 이유가 이번 선거에서 미국 국민이 직면한 가장 근본적인 문제 중 하나를 정말로 강조할지도 모른다고 저는 생각합니다. 누가 그 선서를 지킬까요? 누가 미국 헌법을 보존, 보호, 수호하겠다는 선서를 지킬까요? 저는 그런 영광을 누렸습니다.

Check the Vocabulary

abide by 지키다, 따르다, 준수하다

And I have sworn an oath to uphold the Constitution six times in my career, including as vice president, as a United States senator, and as the top law enforcement officer of the largest state in our country. Responsible for upholding and enforcing the laws of the state and the laws of the United States was the work I did. And I have never wavered in upholding that oath, and I have always executed it faithfully and without reservation.

And therein lies the profound difference between Donald Trump and me.

He, who violated the oath to uphold the Constitution of the United States of America. And make no mistake: He, who if given the chance, would violate it again.

Donald Trump lost the 2020 election. And as you have heard and know, he refused to accept the will of the people and the results of an election that was free and fair.

As you have heard, he sent an armed mob to the United States Capitol, where they assaulted law enforcement officers. He threatened the life of his own vice president and refused to engage in the peaceful transfer of power.

저는 제 경력에서 여섯 번이나 헌법을 준수할 것을 맹세했습니다. 이 중에는 부통령으로서, 미 상원의원으로서, 이 나라 최대 주 검찰총장으로서의 맹세가 포함되어 있습니다. 주법과 미국법을 준수하고 집행하는 것이 제가 하는 일이었습니다. 저는 흔들림 없이 그 선서를 지켰고 언제나 충실히, 두말없이 맹세를 실행했습니다.

트럼프와 저 사이에는 엄청난 차이가 있습니다.

그는 미국 헌법을 준수하겠다는 맹세를 어긴 사람입니다. 분명히 말씀드리는데, 그는 기회가 주어지면 또다시 맹세를 어길 사람입니다.

도널드 트럼프는 2020년 선거에서 패배했습니다. 들으시고 아시는 바와 같이, 그는 국민의 뜻과 자유롭고, 공정한 선거 결과를 받아들이기를 거부했습니다.

아시는 바와 같이, 그는 무장 폭도를 미 의사당에 보내 그곳에서 경찰관들을 폭행했습니다. 그는 자신이 임명한 부통령의 생명을 위협하고 평화적인 정권이양을 거부했습니다.

And let us be clear about how he intends to use power if elected again. He has called for jailing journalists, political opponents, anyone he sees and deems as being an enemy. He has pledged to destroy the independence of the Department of Justice, and he called for deploying our active-duty military against our own citizens.

Well, listen, I believe that anyone who recklessly tramples on our democratic values, as Donald Trump has; anyone who has actively and violently obstructed the will of the people and the peaceful transfer of power, as Donald Trump has; anyone who has called for, I quote, "termination" of the Constitution of the United States, as Donald Trump has, must never again stand behind the seal of the president of the United States.

Never again. Never again.

And the tragic truth — the tragic truth that we are facing in this election for president of the United States is that there is actually an honest question about whether one of the candidates will uphold the oath to the Constitution of the United States. That is the tragic truth of this election, that this is actually an honest question that we are having as Americans.

Check the Vocabulary

call for 요구하다 | **opponent** 상대, 반대자 | **deem** 간주하다, 여기다 | **deploy** 배치하다, 전개하다 | **active-duty** 현역의 | **recklessly** 무모하게 | **trample** 짓밟다 | **obstruct** 방해하다

그래서 다시 당선된다면 그가 권력을 어떻게 사용하려고 하는지 분명히 합시다. 그는 그가 보기에 적으로 간주되는 언론인들, 정적들, 사람들은 누구나 감옥에 보낼 것을 요구했습니다. 그는 법무부의 독립성을 파괴시키겠다고 약속했고 우리의 시민들을 상대로 우리 현역 군대를 배치할 것을 요구했습니다.

음, 들어보세요, 저는 도널드 트럼프처럼 무모하게 우리의 민주주의 가치를 짓밟는 누군가는, 도널드 트럼프처럼 적극적으로 격렬하게 국민의 의사와 평화적인 정권 교체를 방해한 누군가는, 도널드 트럼프처럼, 제가 인용하면 미 헌법의 "종료"를 요구한 누군가는 절대로 다시는 미 대통령 문장 뒤에 서서는 안된다고 생각합니다.

절대로 안돼요. 절대로 안돼요.

그리고 이번 대선에서 우리가 직면하고 있는 비극적 진실은 실제로 대선 후보 중 한 명이 미 헌법에 대한 맹세를 지킬 것인가에 대한 솔직한 질문이 있다는 겁니다. 그것은 이것이 실제로 우리가 미국인으로서 갖고 있는 솔직한 질문이라는 이번 선거의 비극적 진실입니다.

Check the Vocabulary

seal (진정한 증거로서의)표장, (대통령 상징으로의)문장

SPEECH
02

Speech on Immigration

이민자 정책에 관한 연설

2024년 9월 27일. 더글러스, 애리조나 주

미국 유권자들이 가장 중요하게 여기는 이민자 정책에 관한한 각종 여론조사에서 트럼프가 유권자들로부터 더 많은 지지를 받고 있어서 해리스가 큰마음 먹고 행한 연설이다. 연설의 핵심은 이민자 관련 초당적인 법안까지도 자신의 정치적 게임과 개인적 미래를 위해 파괴시킨 트럼프와 같은 정치인은 미국 대통령이 되어서는 안된다며 자신이 집권하면 공화당과 합의봤던 그 초당적 법안을 다시 가져와 서명하여 바람직한 해결을 하겠다는 것이다.

Before I begin, I do want to say a few words about Hurricane Helene. I spoke this morning with our FEMA Administrator Criswell, and President Biden and I, of course, will continue to monitor the situation closely.

We have mobilized more than 1,500 federal personnel to support those communities that have been impacted. We have food, water, and generators that are ready for deployment, and we are working to restore power for — for millions of people who currently are experiencing outages.

And I just want to stress — and for the — the press that is here, to those who are watching — the storm continues to be dangerous and deadly, and lives have been lost, and the risk of flooding still remains high. So, I continue to urge everyone to please continue to follow guidance from your local officials until we get past this moment. So, thank you all.

And — and now I'll speak about, in particular, the people who are here today and why we are gathered here together today.

Check the Vocabulary

FEMA(Federal Emergency Management Agency) 연방재난관리청 | **deployment** 배치, 전개 | **restore** 복구하다 | **outage** 정전, 단수 | **the press** 기자단, 보도진 | **urge** 촉구하다

연설을 하기 전에 허리케인 Helene과 관련해 몇 마디 하고 싶습니다. 저는 오늘 아침 연방재난관리청 행정관인 Criswell과 대화를 나눴고 대통령과 저는 당연히 계속해서 상황을 면밀히 주시할 것입니다.

Helene의 영향을 받은 지역들을 지원하기 위해 1500명 이상의 연방정부 공무원들을 동원했습니다. 우리는 배치를 위해 음식, 물, 발전기를 준비해놨고 현재 정전을 겪고 있는 수백만 명에게 전력을 복구해주기 위해 노력중입니다.

저는 여기 계신 기자단에게, 지켜보고 계신 분들에게 강조드리고 싶은 것은 이 폭풍의 위험은 계속되고 있고 치명적이고 인명을 앗아갔으며 침수 위험은 여전히 높다는 겁니다. 그래서 저는 이 위기의 시간이 지나갈 때까지 모든 사람이 지역 관계자들의 안내를 계속해서 따라주실 것을 계속해서 촉구하는 바입니다. 여러분 모두 감사합니다.

자, 이제, 특별히 오늘 여기 계신 분들, 오늘 이 자리에 함께 모이신 분들에 대해 말씀드리겠습니다.

The United States is a sovereign nation, and I believe we have a duty to set rules at our border and to enforce them, and I take that responsibility very seriously.

We are also a nation of immigrants. The United States has been enriched by generations of people who have come from every corner of the world to contribute to our country and to become part of the American story, and so we must reform our immigration system to ensure that it works in an orderly way, that it is humane, and that it makes our country stronger.

Check the Vocabulary

sovereign 주권의, 독립의 | **enforce** 집행하다, 강요하다 | **enrich** 풍요롭게 하다 | **contribute** 기여하다 | **reform** 개혁하다 | **ensure** 반드시 ~하게 하다 | **humane** 인도적인

미국은 주권국가입니다. 그래서 저는 우리에게는 우리 국경에 규칙을 정해서 그 규칙을 시행할 의무가 있다고 생각하고 그 책임을 매우 진지하게 받아들입니다.

우리는 또한 이민자들의 나라입니다. 미국은 우리나라에 기여하고 미국의 이야기의 일부가 되기 위해 세계 곳곳에서 온 수 세대의 사람들에 의해 풍요로워졌습니다. 그래서 우리는 질서있는 방식으로, 인도적으로, 우리나라를 더 강하게 할 수 있도록 우리의 이민 체계를 개혁해야 합니다.

So, I've just come from visiting the border and the port of entry in Douglas. I spoke with dedicated agents from Border Patrol and Customs officers who every day see the overflow of commercial traffic through the port. These men and women who work there and at other places along our southern border help keep our nation secure, and they need more resources to do their jobs, which is why we have and are in the process of investing half a billion dollars to modernize and expand the port of entry here in Douglas and why last December I helped raise the rate of overtime pay for border agents and also why I strongly supported the comprehensive border security bill written last year — written last year, as you know, by a bipartisan group of senators, including one of the most conservative members of the United States Congress.

저는 Douglas 국경과 통관항을 방금 다녀왔습니다. 저는 국경 순찰대의 헌신적인 요원들, 세관원들과 대화를 나눴습니다. 이분들은 매일 항구를 통해서 넘쳐 들어오는 물동량을 목격하시는 분들입니다. 그곳과 남부 국경의 다른 곳에서 근무하시는 이 남녀 요원들은 우리나라를 안전하게 하는 데 도움을 주고 있어, 그들은 그들의 직무수행을 위해 더 많은 재원을 필요로 합니다. 그래서 우리가 Douglas의 입국관리소를 현대화하고 확장하는 데 5억 달러를 투자해서 진행 중에 있고, 제가 지난 12월 국경 근무자들의 초과 근무 수당 인상을 지원했고 또한 지난해 작성된 포괄적인 국경 보안 법안을 강력히 지지했던 겁니다. 아시다시피, 지난해 작성된 그 법안은 미 하원에서 가장 보수적인 의원 중 한 명을 포함해서 초당적인 상원의원들에 의해 작성되었던 것이었습니다.

Check the Vocabulary

conservative 보수적인

That bill would have hired 1,500 more border agents and officers. It would have paid for 100 inspection machines to detect fentanyl that is killing tens of thousands of Americans every year. It would have allowed us to more quickly and effectively remove those who come here illegally. And it would have increased the number of immigration judges and asylum officers.

It was the strongest border security bill we have seen in decades. It was endorsed by the Border Patrol union, and it should be in effect today, producing results in real time right now for our country.

But Donald Trump tanked it. He picked up the phone and called some friends in Congress and said, "Stop the bill." Because, you see, he prefers to run on a problem instead of fixing a problem. And the American people deserve a president who cares more about border security than playing political games and their personal political future.

And so, even though Donald Trump tried to sabotage the border security bill, it is my pledge to you that as president of the United States, I will bring it back up and proudly sign it into law.

Check the Vocabulary

inspection 검사 | **asylum** 망명 | **endorse** 지지하다 | **tank** 잘 되지 않다, 망쳐놓다 | **run on** ~을 재료로 삼다 | **sabotage** 방해하다, 파괴하다 | **pledge** 약속, 맹세, 맹세하다

(법안이 통과되었더라면) 1500명이 넘는 국경 순찰 요원들과 관리들을 고용했을 겁니다. 매년 수만 명의 인명을 앗아가는 펜타닐을 탐지하기 위해 검사 기기 100대 구입비를 지불했을 겁니다. 우리가 미국에 불법적으로 들어오는 사람들을 신속하고 효과적으로 제거할 수 있게 했을 겁니다. 또 이민자 담당 판사들과 망명 담당관들을 증원시켰을 것입니다.

(의회에 상정되었던) 그 법안은 수십년 동안 우리가 본 가장 강력한 국경보안법안이었습니다. 국경 순찰대 노조가 지지했던 그 법안은 지금쯤엔 시행되어 실시간으로 지금 우리나라를 위한 결과물을 내놓았을 겁니다.

하지만 도널드 트럼프가 그 법안을 망쳐놨습니다. 그는 수화기를 들고 의회 내 몇몇 친구들에게 전화해서 "그 법안 막아버려"라고 말했습니다. 왜냐하면 아시잖아요, 그는 문제를 해결하는 게 아니라 문제를 연료로 이용하는 걸 더 좋아하는 사람이잖아요. 그런데 미국인들은 정치적인 게임이나 개인적인 정치적 미래보다는 국경보안에 더 신경쓰는 대통령을 가질 자격이 있습니다.

그래서 도널드 트럼프가 그 국경보안법안을 방해하려고 했지만 제가 대통령이 되면 저는 그걸 다시 가져와 자랑스럽게 그 법안에 서명하겠다는 것을 여러분들에게 약속드립니다.

And let me say, the issue of border security is not a new issue to me. I was attorney general of a border state for two terms. I saw the violence and chaos that transnational criminal organizations cause and the heartbreak and loss from the spread of their illicit drugs.

I walked through tunnels that traffickers used to smuggle contraband into the United States. I've seen tunnels with walls as smooth as the walls of your living room, complete with lighting and air conditioning, making very clear that it is about an enterprise that is making a whole lot of money in the trafficking of guns, drugs, and human beings.

Check the Vocabulary

attorney general 검찰총장 | **transnational** 다국적 | **heartbreak** 비탄, 비통 | **illicit drugs** 불법마약, 불법약물 | **trafficker** 밀매상 | **contraband** 밀수품

저에게 국경보안 문제는 새로운 문제가 아니라는 것을 말씀드립니다. 저는 두 임기 동안 경계주의 검찰총장이었습니다. 저는 국경을 넘나드는 범죄단체들이 일으키는 폭력과 혼란, 그들의 불법 마약 확산으로 인한 비탄과 손실을 목격했습니다.

저는 밀매상들이 밀수품을 미국으로 밀반입하기 위해 이용했던 터널을 걸었습니다. 저는 여러분의 거실 벽만큼 매끄러운 벽들로 되어 있고, 조명과 에어컨이 완비된 터널을 보면서 총, 마약, 인신 매매로 엄청나게 많은 돈을 벌고 있는 기업이 문제의 본질임을 분명히 했습니다.

And my knowledge on how they work comes from the fact that I have prosecuted transnational criminal organizations who traffic in guns, drugs and human beings.

My team and I broke up a heroin trafficking ring in the Bay Area with ties to Mexican cartels. We took down a gang working with the Sinaloa Cartel to traffic methamphetamine into the United States. We seized millions of dollars'worth of cocaine from the Guadalajara cortel — Cartel and broke up a drun- — a drug trafficking operation, including pill mills and so-called recovery centers that were pushing opioids with deadly results.

Check the Vocabulary

traffic in 밀거래하다 | **break up** 해체하다 | **ring** (사리, 사욕적인) 일당, 조직 | **methamphetamine** 중추 신경 자극제, 히로뽕 | **seize** 압수하다 | **pill mills** 불법 처방전으로 약을 사고파는 알약 제조소

그리고 그들이 어떻게 일하는지에 대한 제 지식은 제가 총, 마약과 사람을 밀거래하는, 국경을 넘나드는 범죄 조직들을 기소하면서 쌓아진 것입니다.

저의 팀과 저는 멕시코 카르텔들과 연계되어 있는 Bay 지역 내 헤로인 밀매 조직을 해체했습니다. 우리는 히로뽕을 미국으로 밀반입하기 위해 Sinaloa 카르텔과 함께 활동하는 갱단을 해체했습니다. 우리는 Guadalajara 카르텔로부터 수백만 달러 상당의 코카인을 압수했고 Pill Mill(의료진이 처방약을 불법적으로 제공하는 은밀한 조직)과 오피오이드를 구입하도록 강요하여 목숨을 잃는 치명적인 결과를 초래했던 소위 회복 센터를 포함해 마약 밀매 조직을 해체시켰습니다.

Check the Vocabulary

opioid 아편 비슷한 작용을 가진 합성 마취약

SPEECH
03

Speech on Economy Pledge

경제 공약에 관한 연설

2024년 9월 25일. 피츠버그, 펜실베이니아 주

대선 접전지인 펜실베이니아주 피츠버그에서 "우리는 중산층을 미국 번영의 엔진으로 키울 특별한 기회를 갖고 있다"며 이날 집권시 자신이 펼칠 다양한 경제정책들을 소상히 밝혔다.

In this election, I believe we have an extraordinary opportunity to make our middle class the engine of America's prosperity, to build a stronger economy where everyone everywhere has a chance to pursue their dreams and aspirations, and to ensure that the United States of America continues to out-innovate and outcompete the world.

Over the past three and a half years, we have taken major steps forward to recover from the public health and economic crisis we inherited. Inflation has dropped faster here than the rest of the developed world. Unemployment is near record low levels. We have created almost 740,000 manufacturing jobs, including 650 at the batty- — battery manufacturing plant over in Turtle Creek. And we have supported another 15,000 jobs at Montgomery Locks.

So, these are local, great examples of the work that we have achieved thus far.

And last week, for the first time, of course, in four and a half years, the Federal Reserve cut interest rates, which will make it just a little easier for families to buy a home or a car or just pay down their credit card bill.

Check the Vocabulary

extraordinary 특별한 | **prosperity** 번영 | **aspiration** 야망 | **out-innovate** 더 혁신하다 | **outcompete** 경쟁에서 이기다 | **inherit** 물려받다

저는 이번 선거에서 우리가 우리의 중산층을 미국 번영의 엔진으로 만들고, 모든 곳에서 모든 사람이 자신들의 꿈과 야망을 추구할 기회를 갖게 되는 더 튼튼한 경제를 건설하고 미국이 계속해서 세계의 다른 국가들보다 더 혁신하고 다른 나라들을 경쟁에서 이길 수 있는 특별한 기회를 갖고 있다고 생각합니다.

지난 3년 반 동안 우리는 우리가 물려받은 공중위생과 경제위기에서 회복하기 위해 중대한 진전을 이룩했습니다. 인플레이션은 다른 선진국들 보다 더 빠른 속도로 하락했습니다. 실업률은 거의 사상 최저수준입니다. 우리는 Turtle Creek에 있는 배터리 제조 공장의 650개를 포함해서 거의 740,000개의 제조 관련 일자리를 창출했습니다. 그리고 Montgomery Locks에서 15,000개의 또다른 일자리를 지원했습니다.

이건 지금까지 우리가 국내에서 이룩한 사례들입니다.

지난 주에는 연방준비은행이 4년 반 만에 처음으로 금리를 내려 미국 가정에서 주택이나 자동차 구입하기가 또는 신용카드대금 갚기가 좀 더 쉬워질겁니다.

Check the Vocabulary

But let's be clear. For all these positive steps, the cost of living in America is still just too high. You know it, and I know it. And that was true long before the pandemic hit.

Many Americans who aspire to own a home are unable to save enough for a down payment on a house and starting to think that maybe homeownership is just outside of their reach. Folks who live in factory towns and in rural communities who have lost jobs are wondering if those jobs will ever come back. Many Americans are worried about how they'll afford the prescription medication they depend on.

All of this is happening at a time when many of the biggest corporations continue to make record profits, while wages have not kept up pace.

I understand the pressures of making ends meet. I grew up in a middle-class family, and while we were more fortunate than many, I still remember my mother sitting at that yellow Formica table late at night, cup of tea in hand, with a pile of bills in front of her, just trying to make sure that she paid them off by the end of the month, like so many Americans just trying to make it all work.

Check the Vocabulary

aspire 열망하다 | **down payment** 계약금 | **rural** 시골의, 전원의 | **prescription medication** 처방약 | **make ends meet** 수지 균형을 맞추다, 겨우 먹고 살 만큼 벌다

하지만 분명히 해둡시다. 이 모든 긍정적인 조치에도 불구하고 미국에서 생활비는 여전히 높습니다. 여러분이 그걸 알고 있고 저도 그걸 압니다. 그런데 그것은 팬데믹이 발생하기 오래 전에도 그랬습니다.

주택을 소유하고 싶은 많은 미국인들이 구입할 집에 대한 계약금을 지불하기에 충분한 돈을 모을 수가 없고 아마도 주택소유에 대한 생각은 그들의 손에 닿지 않는 곳에 있습니다. 공장 마을과 시골에서 직장을 잃은 사람들은 그들의 일자리가 다시 돌아올지 궁금해 합니다. 많은 미국인들은 그들이 의존하는 처방약을 어떻게 구입할 여유가 있을지 걱정하고 있습니다.

이 모든 일이 많은 대기업들은 계속해서 기록적인 수익을 내고 있지만 임금은 뒤따라가지 못하고 있을 때 벌어지고 있다는 겁니다.

저는 수지균형을 맞춰야 하는 중압감을 이해합니다. 중산층 가정에서 자란 저는 우리가 많은 사람들보다는 운이 좋긴 했지만 저는 저의 어머니가 밤늦게 손에는 차 컵을 들고 있고, 앞에는 청구서가 쌓여 있는 노란색 포마이카 탁자에 앉아서 모든 것이 잘 되도록 노력하는 수많은 미국인들처럼 월말까지는 그 청구서 대금을 반드시 납부하려고 노력하시던 모습을 아직도 기억합니다.

03

Every day, millions of Americans are sitting around their own kitchen tables and facing their own financial pressures because, over the past several decades, our economy has grown better and better for those at the very top and increasingly difficult for those trying to attain, build, and hold on to a middle-class life.

In many ways, this is what this election is all about. The American people face a choice between two fundamentally very different paths for our economy. I intend to chart a new way forward and grow America's middle class. Donald Trump intends to take America backward to the failed policies of the past.

He has no intention to grow our middle class. He's only interested in making life better for himself and people like himself: the wealthiest of Americans.

You can see it spelled out in his economic agenda, an agenda that gives trillions of dollars in tax cuts to billionaires and the biggest corporations while raising taxes on the middle class by almost $4,000 a year, slashing overtime pay, throwing tens of millions of Americans off of health care, and cutting Social Security and Medicare.

those at the very top 최상위층 사람들 | **attain** 이루다 | **fundamentally** 근본적으로 | **intend to** ~하려고 하다 | **spell out** 분명히 밝히다 | **agenda** 의제, 안건, 목표 | **slash** 줄이다, 삭감하다

매일 수백만 미국인들이 식탁에 둘러 앉아서 자신들의 재정난에 직면해 있습니다. 왜냐하면 지난 수십 년 동안 우리 경제는 최상위층 사람들의 경우 점점 나아졌지만 중산층 삶을 이루려고, 일구려고, 계속 유지하려고 노력하는 사람들은 점점 힘들어졌기 때문입니다.

여러 가지 면에서, 이게 이번 선거의 핵심입니다. 미국인들은 우리 경제가 나아갈 근본적으로 다른 두 개의 길 사이에서 선택에 직면해 있습니다. 저는 앞으로 나아갈 새로운 길을 만들고 중산층을 발전시키려고 합니다. 도널드 트럼프는 미국을 과거의 실패한 정책으로 되돌아가게 하려고 합니다.

그에게는 중산층을 발전시킬 의도가 없습니다. 트럼프는 트럼프 자신과 자신과 같은 사람들, 즉 가장 부유한 미국인들의 삶을 개선시키는 데만 관심이 있습니다.

여러분은 이걸 자세히 설명된 트럼프의 경제적인 속셈에서 보실 수 있습니다. 그의 경제 정책에 따르면 억만장자들과 대기업들에게는 수 조 달러를 감세해주지만 중산층에게는 거의 연 4000달러를 증세하고, 초과 근무 수당을 삭감하고, 수천만 미국인들이 의료 서비스를 받지 못하게 되고 사회보장과 국민건강보험 혜택이 감소됩니다.

In sum, his agenda would weaken the economy and hurt working people and the middle class. You see, for Donald Trump, our economy works best if it works for those who own the big skyscrapers, not those who actually build them, not those who wire them, not those who mop the floors.

Well, I have a very different vision. I have a very different vision for our economy. I believe we need to grow our middle class and make sure our economy works for everyone, for people like the people in the neighborhood where I grew up and the hardworking Americans I meet every day across our nation.

In sum 요약하면 | **weaken** 약화시키다 | **skyscraper** 고층 건물 | **wire** 배선 공사를 하다 | **vision** 비전, 시각, 견해 | **neighborhood** 동네

요약하자면, 트럼프의 정책은 경제를 약화시키고 노동자 계층과 중산층에 피해를 줄 것입니다. 아시겠지만, 도널드 트럼프가 볼 때는 대형 고층건물을 실제로 짓고, 고층 건물에 배선 공사를 하고, 건물의 바닥을 대걸레로 닦는 사람들이 아니라 대형 고층 건물 소유주들에게 경제가 좋으면 우리의 경제가 잘 돌아가고 있는 겁니다.

음, 저는 다른 비전을 갖고 있습니다. 저는 우리 경제에 대한 매우 다른 비전을 갖고 있어요. 저는 우리는 우리의 중산층을 발전시켜야 하고, 우리 경제가 모든 사람에게 작동되도록 해야 한다고 생각합니다. 제가 자란 동네 사람들과 제가 전국에서 매일 만나는 성실한 미국인들과 같은 사람들을 위해서 말입니다.

So, I call my vision the "opportunity economy," and it's about making sure everyone can find a job and more — and more. Because, frankly, having a job, I believe, in our ambition and aspiration should be baseline, and we should aspire and have the ambition and plan to do more.

I want Americans and families to be able to not just get by but be able to get ahead to thrive — be able to thrive. I don't want you to have to worry about making your monthly rent if your car breaks down. I want you to be able to save up for your child's education, to take a nice vacation from time to time. I want you to be able to buy Christmas presents for your loved ones without feeling anxious when you're looking at your bank statement. I want you to be able to build some wealth not just for yourself but also for your children and your grandchildren — intergenerational wealth.

baseline 기본, 기본선 | **get by** 그럭저럭 살아가다 | **get ahead** 성공하다 | **thrive** 번창하다 | **save up** (돈을) 모으다

저는 제 비전을 "기회 경제"라고 부르는데 그건 모든 사람이 직장을 구하고 점점 더 많은 사람들이 일자리를 찾을 수 있도록 한다는 것입니다. 왜냐하면 솔직히 말해서 우리가 야심과 야망을 추구하는 데에 있어서 직업을 갖는 것은 기본이고 우리는 열망과 야심을 갖고 더 많은 것을 할 계획을 해야 한다고 생각하기 때문입니다.

저는 미국인들과 가정들이 그럭저럭 살아가는게 아니라 성공할 수 있기를 번창하기를 원합니다. 저는 여러분들이 여러분의 자동차가 고장나 월세 낼 돈을 걱정해야 하는 상황이 벌어지지 않기를 바랍니다. 저는 여러분이 자녀 교육을 위해 저축할 수 있고 이따금 멋진 휴가도 누리고 입출금 내역서를 볼 때 걱정없이 사랑하는 사람들을 위해 크리스마스 선물을 사줄 수 있기를 바랍니다. 저는 여러분이 여러분 자신을 위해서 뿐만이 아니라 여러분의 자녀들과 손자손녀들, 세대간 부를 위해 부를 쌓을 수 있기를 바랍니다.

SPEECH

04

The First Stump Speech After 9/10 Presidential Debate

9월 10일 대선 토론 후 첫 유세 연설

2024년 9월 12일. 샬럿, 노스 캐롤라이나 주

9월 10일 대선 토론 때 카멀라 해리스는 트럼프보다 훨씬 더 잘했다는 평가를 받았다. 이 후 첫 유세에서 한 연설이라 미 언론과 유권자들은 이날 해리스가 무슨 말을 할지 무척 궁금해 했다. 오죽하면 공화당의 유력 정치인들 상당수가 자신에 대한 지지를 선언했겠냐면서 당보다는 국가를 우선시하며 새로운 길을 가고자 하는 자신을 지지해달라고 호소했다.

04

And we have so many outstanding leaders here today, including my friend, Governor Roy Cooper, and your next and your next governor, Attorney General Josh Stein. And here with us is your next attorney general, Congressman Jeff Jackson.

Mayor Lyles, my dear friend; the Council of State candidates; and all the leaders who are with us today, I thank you all — everyone — everyone here for taking the time and doing the work you are doing. Thank you. Thank you. Thank you. Thank you. Thank you.

All right. So, here's the thing. Okay. We got a lot of work to do. We got a lot of work to do.

Okay. So, North Carolina, you probably know — and please have a seat, if you have a chair.

Check the Vocabulary

outstanding 훌륭한, 뛰어난 | **Council** 지방자치 단체의 의회

오늘 이 자리에는 제 친구인 Roy Cooper 주지사를 포함해서 여러분의 차기 주지사이신 Josh Stein 검찰총장 등, 훌륭하신 지도자들이 많이 오셨습니다. 그리고 여러분의 차기 검찰총장이신 Jeff Jackson 하원의원님도 우리와 함께 하고 계십니다.

저의 절친인 Lyles 시장님, 주의회의원 후보님들, 오늘 우리와 함께 하고 계신 모든 지도자분들, 모든 분들, 시간을 내주신 데 대해 그리고 여러분들의 일을 하고 계신 데 대해 감사드립니다. 감사합니다. 감사합니다. 감사합니다. 감사합니다. 감사합니다.

좋아요. 그래서 제 말은요. 알았어요. 우린 할 일이 많아요. 우린 할 일이 많아요.

알았어요. 그래서 노스캐롤라이나 여러분, 여러분은 아마도 아실겁니다. 의자 있으면 앉으세요.

04

Two nights ago, Donald Trump and I had our first debate. And I believe we owe it to the voters to have another debate because this election and what is at stake could not be more important. On Tuesday night, I talked about issues that I know matter to families across America, like bringing down the cost of living, investing in America's small businesses, protecting reproductive freedom — and keeping — and keeping our nation safe and secure.

But that's not what we heard from Donald Trump.

Check the Vocabulary

owe ~해야 한다고 생각하다 | at stake 위기에 처한, 위태로워 | bring down 가격을 낮추다

이틀 전, 도널드 트럼프와 저는 첫 토론을 했습니다. 근데 우리 유권자들을 위해 한 번 더 토론을 해야 한다고 생각합니다. 왜냐하면 이 선거와 위기상황이 이보다 더 심 각할 수는 없기 때문입니다. 화요일 밤, 저는 제가 알기로는 미국 전 가정에 중요한 문제들, 그러니까 생활비 줄이는 것, 미국 소기업에 투자하는 것, 생식의 자유를 보 호하는 것, 우리나라를 안전하게 하는 것과 같은 문제들을 갖고 토론했습니다.

하지만 우리는 이틀 전 토론에서 이런 문제들에 대해 도널드 트럼프로부터 듣지 못했 습니다.

Instead, it was the same old show, that same tired playbook that we've heard for years, with no plans for how he would address the needs of the American people — because you know it's all about him, it's not about you.

Well, folks, I said it then; I say it now: It's time to turn the page. Turn that page. Turn that page. B- —

AUDIENCE: We're not going back! We're not going back! We're not going back!

THE VICE PRESIDENT: Turn the p- —

AUDIENCE: We're not going back! We're not going back! We're not going back!

playbook 각본 | **address** (문제 · 상황 등에 대해) 다루다, 해결하다 | **turn the page** 새롭게 시작하다

대신에 그것은 그가 미국인들의 요구를 어떻게 해결하겠다는 계획도 없이 우리가 수 년간 들어왔던 예전과 똑같은 쇼, 그 똑같은 싫증난 각본 뿐이었습니다. 왜냐하면 아 시잖아요. 그건 다 트럼프 자신의 목표가 핵심이지 여러분의 목표가 핵심이 아닙니 다.

음, 여러분, 저는 그날 이걸 말했는데, 지금 그걸 다시 말합니다. 새롭게 시작할 때입 니다. 새로 시작합시다. 새로 시작합시다.

청중: 우리는 되돌아가지 않아요! 우리는 되돌아가지 않아요! 우리는 되돌아가지 않 아요!

새로 시작─

청중: 우리는 되돌아가지 않아요! 우리는 되돌아가지 않아요! 우리는 되돌아가지 않 아요!

04

THE VICE PRESIDENT: Because, to your point — to your point, America is ready for a new way forward. We are ready for a new generation of leadership that is optimistic about what we can do together.

That is why Democrats, Republicans, and independents are supporting our campaign. Over 200 people who worked for President George H.W. Bush, President George W. Bush, John McCain, and Mitt Romney have endorsed me for president. Former Vice President Dick Cheney and Congresswoman Liz Cheney are supporting me as well. Because, as they said, we have a duty as citizens to put country above partisanship and defend our Constitution.

And that is my pledge to you. I will always put country above party, and I will be a president for all Americans.

Check the Vocabulary

optimistic 낙관적인 | **Democrat** 민주당원 | **Republican** 공화당원 | **independent** 무소속 유권자(정치인) | **partisanship** 당파심 | **party** 정당

지금 말씀하신 것에 대해 답변드리자면, 왜냐하면 미국은 앞으로 나아갈 새로운 길에 준비가 되어 있기 때문입니다. 우리는 함께 할 수 있는 것에 대해 낙관하는 신세대 리더십에 준비되어 있습니다.

그래서 민주당원, 공화당원들과 무소속 유권자들이 우리 캠페인을 지지하고 있는겁니다. George H. W. Bush 대통령, George W. Bush 대통령, John McCain, Mitt Romney 밑에서 일했던 200여명이 대통령으로 저를 지지했습니다. Dick Cheney 전 부통령과 하원의원 Liz Cheney도 저를 지지하고 있습니다. 왜냐하면 그분들이 말했듯이 우리에게는 당파심보다는 나라를 우선 순위에 두고 우리의 헌법을 수호할 시민으로서의 의무가 있기 때문입니다.

그리고 그것은 제가 여러분에게 드리는 약속입니다. 항상 당보다는 국가를 우선시하고 모든 미국인들을 위한 대통령이 되겠다는 저의 다짐입니다.

04

And while Donald Trump is trying to pull our nation backward, we are fighting for the future a future with affordable childcare, paid leave, and affordable health care; a future where we build what I call an opportunity economy, so every American has an opportunity to own a home, to build wealth, to start a business.

And, you know, I — I talked about it the other night. I love our small businesses. I really do. I love our small businesses. My — my — and — and they're — many of whom are here.

And I grew up, then, understanding who our small business owners are. They're — they're the — they're leaders in the community. They're civic leaders. They hire locally. They mentor. They're part of the fabric of the community. And — and I know they are the backbone of America's economy.

So, my plan is to give a $50,000 tax deduction to start up small businesses. Because, you know, not everybody started out with 40 — $400 million on a silver platter and then filed for bankruptcy six times.

<hr>

Check the Vocabulary

pull backward 뒤로 당기다 | **affordable** (가격이) 적당한, 감당할 수 있는 | **paid leave** 유급 휴가 | **civic** 시민의 | **fabric** 직물, 구조 | **backbone** 중추, 근간, 등뼈 | **deduction** 공제

도널드 트럼프는 우리나라를 퇴보시키려고 하지만 우리는 미래를 위해 싸웁니다. 감당할 수 있는 육아비, 유급 휴가, 적당한 가격의 의료비, 제가 말하는 "기회 경제"를 건설해서 모든 미국인들이 집을 소유하고, 부를 쌓고, 사업할 기회가 있는 미래를 말입니다.

그리고 있잖아요. 저는 지난번에 그걸 논했습니다. 저는 우리 소기업들을 사랑합니다. 정말로 사랑합니다. 저는 우리 소기업들을 사랑해요. 그들 중 많은 분들이 이 자리에 오셨습니다.

저는 그 당시(어린 시절)에 우리 소기업주들이 누구인지를 이해하면서 자랐습니다. 그들은 지역사회 지도자들입니다. 그들은 시민 지도자들입니다. 그들은 현지에서 고용합니다. 그들은 멘토역할을 합니다. 그들은 지역사회조직의 일원입니다. 그리고 저는 그들이 미국 경제의 중추라는 걸 압니다.

그래서 저는 소기업 창업자들에게 5만불 세액 공제혜택을 계획하고 있습니다. 왜냐하면 아시다시피, 모두가 다 4억 달러를 갖고 별로 힘들이지 않고 창업했다가 여섯번이나 파산신청을 하지는 않지요. **(번역가 주 – 트럼프를 비꼬아 하는 말임)**

But a whole lot of people have the ingenuity, the entrepreneurship, the work ethic, and the ambition to do that kind of work and just need to be seen and supported for what they are and what they do for all of us. An opportunity economy.

We need to build more housing in America. And so, we are going to cut red tape and work with the private sector to build 3 million new homes by the end of my first term.

I have a plan to lower the cost of living for America's families on everything from health care to groceries. Under my plan, more than 100 million Americans will get a tax break, and thousands of dollars of your hard-earned money will go back into your pockets, including $6,000 during the first year of a child's life.

And I will always put middle-class and working families first. I grew up a middle-class kid. I was raised by a hardworking mother, who saved up, and by the time I was a teenager, she was able to afford to buy our first home. I understand how people work hard and have dreams and aspirations for their children and need to be put first, understanding, again, when the middle class is strong, America is strong. America is strong.

---

ingenuity 창의력, 독창성 | **entrepreneurship** 기업가 정신 | **red tape** 불필요한 요식 | **term** 임기 |
tax break 세금 우대 | **hard-earned** 열심히 번

하지만 많은 사람들이 창의력, 기업가 정신, 직업 윤리의식과 그러한 일을 하려는 야망을 갖고 있어 그들이 우리를 위해서 행한 기여와 노력은 인정받고 지지받아야 합니다. 기회의 경제입니다.

우리는 미국에 더 많은 주택을 건설할 필요가 있습니다. 그래서 관료적 형식주의는 지양하면서 민간 부문과는 협력해서 저의 첫 임기가 끝날 때까지 3백만 신규 주택을 건설할 것입니다.

저는 의료비에서 식료품에 이르기까지 미국 가정의 모든 생활비를 낮출 계획을 갖고 있습니다. 제 계획에 따라 (집권시) 1억명이상이 세금우대 혜택을 받게 되고 여러분이 열심히 일해서 번 수천 달러가 여러분의 지갑으로 돌아가게 될 것입니다. 이 중에는 신생아에 대한 첫해 6000달러 세액 공제도 포함되어 있습니다.

저는 언제나 중산층과 노동 가족들을 우선순위에 둘 것입니다. 저는 중산층 아이로 자랐습니다. 열심히 일하시는 어머니가 저를 키우셨고 어머니는 돈을 모아 제가 10대일 때쯤에 처음으로 주택을 구입할 수 있었습니다. 저는 사람들이 어떻게 열심히 일하고 자신들의 자녀를 위해 꿈과 야망을 갖고 있어 이들이 우선 순위가 되어야 한다는 것을 알고 있습니다. 다시 말씀드리는 데, 중산층이 강하면 미국이 강하다는 것을 알고 있습니다. 미국은 강합니다.

SPEECH
05

Campaign Event Speech in North Hampton

노스 햄프턴 캠페인 이벤트 연설

2024년 9월 4일. 노스 햄프턴, 뉴 햄프셔 주

대선 유세가 한창 열기를 뿜던 9월 4일 뉴 햄프셔 주 관광명소 Throwback Brewery 에서 행한 연설이다. 여느 때 같으면 주로 자신이 당선되어야 하는 이유, 트럼프와 차별화된 정책비전 같은 것들로 대선 유세를 펼치지만 이날은 이날 오전 Georgia, Winder에서 발생한 비극적인 학교 총기사고로 숨진 희생자들, 유가족들에게 조의를 표하고 현장에 출동한 구급대와 경찰에게 먼저 감사의 말을 전하면서 연설을 해나갔 다.

05

Thank you for everything. Thank you. Thank you.

And thank you to the outstanding congressional delegation: Senators Shaheen, Hassan — Representatives Pappas and Kuster —and all the leaders who are here today. Thank you all. Thank you all for — for taking the time to be here this afternoon. Thank you, everyone. Thank you.

So, before I begin, I do want to say a few words about this tragic shooting that took place this morning in Winder, Georgia. We're still gathering information about what happened, but we know that there were multiple fatalities and injuries. And, you know, our hearts are with all the students, the teachers, and their families, of course, and we are grateful to the first responders and the law enforcement that were on the scene.

But this is just a senseless tragedy on top of so many senseless tragedies. And it's just outrageous that every day in our country, in the United States of America, that parents have to send their children to school worried about whether or not their child will come home alive. It's senseless. It — it is — we've got to stop it.

And we have to end this epidemic of gun violence in our country once and for all. You know, it doesn't have to be this way. It doesn't have to be this way.

Check the Vocabulary

outstanding 뛰어난 | **congressional delegation** 의회 대표단 | **senator** 상원의원 |
representative 하원의원 | **fatalities** 사망자수 | **first responder** 응급대원

여러 가지로 감사해요. 감사합니다. 감사합니다.

또, 뛰어난 능력을 보여주신 의회 대표단에게 감사드립니다. 상원의원님, Shaheen와 Hassan, 하원의원님 Pappas와 Kuster, 그리고 오늘 이 자리에 함께 하고 계신 모든 지도자분들, 감사합니다. 오늘 오후 여기 오시기 위해 시간을 내주신 것에 대해 감사드립니다.

시작하기 전에 오늘 아침 Georgia Windia에서 발생한 비극적인 총격사건에 대해 몇 마디 하고자 합니다. 아직 사건에 대한 정보를 수집하고 있습니다만 우리는 여러 명이 사망하고 부상당했다는 것을 알고 있습니다. 우리의 마음도 모든 학생, 교사 그리고 당연히 유족들과 마음을 함께 하고 있습니다. 우리는 현장에 출동한 응급구조대원들과 경찰들에게 감사드립니다.

하지만 그동안 수많은 무분별한 비극이 발생했는데도 또 발생한 겁니다. 그래서 매일 우리나라에서, 미국에서 부모들이 자신들의 자녀가 살아서 집에 돌아올 것인지를 걱정하면서 아이들을 학교에 보내야 한다는게 너무 충격적입니다. 몰지각한 행위입니다. 이런 행위를 멈추게 해야 합니다.

그래서 우리는 우리나라에서 만연된 총기 폭력사고를 완전히 없애야 합니다. 이런 식으로 되어서는 안됩니다. 이런 식으로 되어서는 안됩니다.

05

So, New Hampshire, look, we have 62 days to go —62 days to go. And I'm going to tell you what you already know: This race is going to be tight until the very end.

So, please, let's not pay too much attention to the polls, because we are running as the underdog. We know what they're capable of on the other side. The only thing we can take for granted is the love that we as Americans have for each other, knowing we have so much more in common than what separates us.

And we've got some hard work ahead, but we like hard work. Hard work is good work. Hard work can be joyful work. And so, we are up for the task. And with your help, we will win in November. We will win in November.

And that, in large part, is because we know what we stand for, and when you know what you stand for, you know what to fight for.

We love our country, and we believe in the promise of America. That's so much of what I think brings us all together this afternoon. We believe in the promise of America, and that includes a topic we're going to discuss today, which is what I call an "opportunity economy" — building an opportunity economy.

Check the Vocabulary

underdog 약자 | capable of ～할 수 있는 | take for granted 당연한 일로 여기다 | up for the task 그 일을 기꺼이 하려고 하는 | stand for ～을 옹호하다

뉴 햄프셔, 보세요. 대선일까지 62일 남았어요. 62일요. 그래서 여러분이 이미 알고 있는 것을 말하려고 해요. 이번 경주는 끝까지 박빙일겁니다.

그래서, 제발 여론조사에 너무 많은 관심을 갖지 맙시다. 우리는 약자로 뛰고 있으니까요. 우리는 상대편이 뭘 할 수 있는지 압니다. 우리가 당연한 일로 생각할 수 있는 유일한 것은 우리를 갈라놓는 것보다 공통점이 훨씬 더 많다는 것을 알고 있는 우리는 미국인으로서 서로를 사랑하고 있다는 겁니다.

그리고 우리에게는 힘든 일이 좀 있지만 우리는 힘든 일을 좋아합니다. 힘든 일은 좋은 일입니다. 힘든 일은 즐거움을 주는 일일 수 있습니다. 그래서 우리는 그 힘든 일을 기꺼이 하려고 합니다. 여러분의 도움을 받아 11월 대선에서 승리할 것입니다. 우리는 11월에 승리할 것입니다.

그런데 그건 대개는 우리가 지키고자 하는 것을 알기 때문이고 여러분이 무엇을 옹호하는 지를 알면, 무엇을 위해 싸우는지를 알면 우리는 승리할 것입니다.

우리는 우리나라를 사랑하고, 미국의 약속을 믿습니다. 제가 생각하기에 오늘 오후 우리를 하나로 뭉치게 하는 것이 너무 많습니다. 우리는 미국의 약속을 믿는데 그것은 제가 "기회 경제"라고 말하는 오늘 논의하게 될 한 주제를 포함하고 있습니다. 기회 경제를 건설하는 겁니다.

Check the Vocabulary

And my vision of an opportunity economy is one where everyone can compete and have a real chance to succeed; where everyone, regardless of who they are or where they start, can build wealth, including intergenerational wealth; where workers are treated with dignity, and everyone has the freedom to join a union if they choose — where we remove barriers to opportunity, so anyone who wants to start a business can have access to the tools and the resources they need to do that.

I believe — and I said it before to Nicole — I believe America's small businesses are an essential foundation to our entire economy. Think about it. Think about it. Small businesses in our country employ half of all private-sector workers. Half of all private-sector workers own or run a small business or work for a small business. They do trillions of dollars of business every year. They generate revenue that helps repair our roads and pay our teachers.

Check the Vocabulary

regardless of ~에 상관없이 | **intergenerational** 세대 간의 | **dignity** 존엄성 | **barrier** 장벽 | **sector** 부문 | **generate** 발생시키다 | **revenue** 수익, 수입, 세입

저의 기회경제에 대한 비전은 모든 사람이 경쟁해서 성공할 수 있는 진정한 기회를 갖는 것입니다. 그들이 누구이고 또는 어디에서 시작하는가에 상관없이 모든 사람이 세대간의 부를 포함하여 부를 쌓을 수 있고 근로자들이 존엄하게 대우받으며 모든 사람이 가입하고 싶으면 노조에 가입할 수 있고, 우리가 기회의 장벽을 제거해서 사업을 시작하고 싶어하는 사람은 누구든 사업하는 데 필요한 도구와 재원을 이용할 수 있는 비전을 말하는 겁니다.

저는 믿습니다. Nicole에게 전에 말한 바 있습니다만 저는 미국의 소기업들은 우리 전체 경제의 필수 기반이라고 생각합니다. 생각해보세요. 생각해보세요. 우리나라의 소기업들이 민간부문 전 근로자들의 반을 고용하고 있습니다. 민간부문 전 근로자들의 반은 소기업을 소유 또는 운영하거나 소기업에서 일하고 있습니다. 그들은 매년 수 조 달러 규모의 사업을 하고 있습니다. 그들은 수익을 창출해서 우리의 도로 수리와 교사들의 급여 지불에 일조하고 있습니다.

🎧 05

And, you know — for all of those who are or know of small-business owners, the thing I love about you is that you're not only leaders in business, you are civic leaders, you are community leaders, you are mentors, you hire locally, you believe in the community, and you're part of the glue of the fabric that holds communities together.

You provide the local meeting space. You are the types of folks where you know who your regulars are, and when someone is walking in the door and you can tell they've had a bad day, you know exactly what they need. Isn't that the best of who we are? Isn't that the best of who we are?

Check the Vocabulary

civic 시민의 | **glue** 접착제 | **regular** 단골손님

있잖아요. 소기업주이거나 소기업주들에 대해 아시는 모든 분들에게 말씀드립니다. 제가 여러분에 대해 사랑하는 점은 여러분은 기업 지도자일뿐만 아니라 시민 지도자이고, 지역사회 지도자이고, 멘토이고, 지역사회에서 고용하고, 지역사회를 믿어서 여러분은 지역사회 주민들이 서로 떨어지지 않게 하는 조직 접착제의 일부입니다.

여러분은 지역사회에서 회의 장소를 제공합니다. 여러분은 여러분의 단골손님들이 누구인지 알고, 누군가가 문을 열고 들어올 때 그들의 일진이 나빴는지 알면 정확히 그들이 뭘 필요로 하는지 압니다. 이런게 우리의 최고의 자질을 보여주는 게 아닌가요? 이런게 우리의 최고의 자질을 보여주는 게 아닌가요?

05

And I've met so many entrepreneurs across the country who take the incredible leap of faith that is required to start a small business — folks who put their life's savings on the line and work through the weekends and holidays because they aren't just building a business, they're pursuing a dream. They're building a better future for their employees and for the people they love and their communities. And by extension, they're building a stronger middle class and a stronger America for us all.

And so, all of this is why, as president, one of my highest priorities will be to strengthen America's small businesses. And here I am in New Hampshire to announce a few elements of my plan to do that.

So, first, we're going to help more small businesses and innovators get off the ground. Okay? Now I'm setting what some, I'm sure, are going to call a very ambitious goal. But you know what? I think we should admire ambition in each other.

So, I want to see 25 million new small-business applications by the end of my first term. And to help achieve this, we will lower the cost of starting a new business.

put ~ on the line ～을 걸다 | **by extension** 더 나아가 | **get off the ground** 활동을 시작하다, 출발하다, 이륙하다

저는 소기업을 창업하는 데 요구되는 엄청난 결단력을 보여준 전국의 많은 사업가들을 만나봤습니다. 그냥 단지 사업체를 세우는 것이 아니고 꿈을 추구하고 있기 때문에 자신들이 평생 모아온 돈을 걸고 주말과 휴일까지 일하는 사람들요. 그들은 자신들의 종업원들, 그들이 사랑하는 사람들과 지역사회의 더 나은 미래를 건설하는 분들입니다. 더 나아가, 그들은 우리 모두를 위해 더 강력한 중산층과 미국을 세우고 있는 겁니다.

그래서 이 모든 것이, 대통령으로서 저의 최우선 과제 중 하나는 미국의 소기업을 강화시키는 것이 되는 이유입니다. 그러한 저의 계획의 일부 요소들을 발표하기 위해 오늘 여기 뉴 햄프셔에 왔습니다.

첫째, 우리는 더 많은 소기업들과 혁신가들이 활동을 시작할 수 있도록 지원할 것입니다. 좋은 것 같아요? 이제 저는 확신하건데 일부에서 매우 야심적이라고 말하게 될 목표를 세울 것입니다. 그런데 그거 아세요? 저는 우리가 서로에게 있는 야망을 존중해야 한다고 생각합니다.

그래서 저의 첫 임기가 끝날 때까지 2천 5백만 건의 신규 소기업 신청을 보고 싶습니다. 그리고 이를 달성할 수 있도록 돕기 위해 우리는 신규 사업 창업비용을 줄일 것입니다.

SPEECH
06

Speech at IBEW on Labor Day

국제전기공조합에서 노동절 연설

2024년 9월 2일. 피츠버그, 펜실베이니아 주

노조친화적인 민주당의 대선후보로서 노동절을 맞이하여 피츠버그에 있는 국제전기공조합에서 행한 연설이다. 이날 근로자들의 당연한 권리를 쟁취하기 위해 오랫동안 싸워 일궈낸 노동자들의 공적을 치하하고 대기업 친화적인 트럼프 정책과는 정반대의 비전을 갖고 노동자들과 일반국민들을 위한 정책을 펴나가겠다며 열정적인 연설을 했다

06

It is good to be in the house of labor. And it is good to be back at IBEW Local 5. And can we please give it up again for our president, Joe Biden? Now, I don't have to tell the brothers and sisters of labor that you really get to know somebody when you're in the middle of a fight, when times are hard, when the forces are mighty, when people don't believe something can get done and they have a thousand excuses for why it can't get done. And I have spent more time with this extraordinary human being, when the cameras were not in the room, when the stakes were high, when the heat was intense. And Joe Biden has always stood with the workers of America and labor unions of America, always, always.

Check the Vocabulary

IBEW 국제전기공조합 | **mighty** 강력한, 거대한

노동자 건물에 오니 기분 좋습니다. 국제전기공조합 5지부에 다시 오니 기분 좋습니다. 자, 우리의 대통령이신 조 바이든께 다시 한 번 박수 좀 부탁드리겠습니다. 저는 여러분은 다음과 같은 일이 발생할 때 누군가를 진정으로 알게 된다고 노조의 형제, 자매들에게 말할 필요가 없습니다. 여러분이 싸움 중일 때, 힘든 시기일 때, 고용주의 힘이 강력할 때, 사람들이 뭔가 끝낼 수 있다는 것을 믿지 않으면서 끝낼 수 없는 이유를 1000가지나 댈 때 말입니다. 저는 카메라가 방에 없을 때, 위기 상황일 때, 열기가 뜨거울 때 이 특별한 분과 더 많은 시간을 보냈습니다. 그런데 그때마다 조 바이든 대통령은 언제나 미국의 근로자들과, 미국의 노조원들 편에 섰습니다, 늘, 항상 말이죠.

I've been with him when he'll bring folks into the Oval Office. And you know how Joe can get sometimes. He doesn't spare words. It's good that sometimes the cameras are not in the room when he has those conversations. Because the thing about the Joe Biden I know, and I know you know, because he has been a friend of labor for so long for his whole life, Joe Biden can be quite impatient. And that's a good thing for that kind of leader. Quite impatient. And I say to all of the friends here, the press that's in the room, history will show what we here know. Joe Biden has been one of the most transformative presidents in the United States that we have ever witnessed, and it comes from his heart.

the Oval Office 대통령 집무실 | how he can get 그가 어떤 사람같은지 | impatient 참을성이 없는 | transformative 변화시키는 힘을 가진

그분이 사람들을 대통령 집무실로 데려오면 저는 그분과 함께 있었습니다. 그리고 여러분 아시죠? 조 바이든 대통령이 때로는 어떤 사람인지. 그는 말을 아끼지 않습니다. 그가 그런 대화를 할 때 때로는 카메라가 방에 없는게 좋습니다. 제가 알고 있는 조 바이든의 좋은 점은, 그런데 저는 여러분이 알고 있다는 걸 알아요, 왜냐하면 그분은 평생 동안, 아주 오랫동안 노동자들의 친구였기 때문에 조 바이든이 꽤나 참을성이 없으시다는 것을요. 근데 그런 유형의 지도자에게는 그건 좋은겁니다. 꽤나 성미가 급한 점요. 그래서 저는 여기 계신 모든 친구들, 이 방에 있는 기자단에게 역사는 우리가 여기에서 알고 있는 것을 보여줄 것이라는 것을 말씀드립니다. 조 바이든 대통령은 우리가 지금까지 목격한 미국에서 가장 변화시키는 힘을 가진 대통령들 중 한 분이셨습니다. 그런데 그것은 그의 마음에서 나오는 것입니다.

And you know, Joe and I talk a lot about the fact that we are so proud to be the most pro-Union administration in America's history. And as we know, Joe's still got a lot of work to do, so let's also understand that.

So I want to thank all the incredible leaders who are here today, including the Governor Shapiro, Lieutenant Governor Davis, Senator Casey, who we will re-elect this November. Mayor Gainey, President Schuler, President Cooper, all the leaders of labor who are here, all the union members who are here. So I'll just get right to a few points.

I love Labor Day. I love celebrating Labor Day. And Pittsburgh, of course, is a cradle of the American labor movement. It is the birthplace of the AFL, headquarters of the Steelworkers, home to Firefighters Local 1, and of course the historic IBEW Local 5. For more than 150 years, the brothers and sisters of labor have helped lead the fight for fair pay, better benefits and safe working conditions. And every person in our nation has benefited from that work. Everywhere I go, I tell people, "You may not be a union member, but you better thank unions for that five-day work week. Thank unions for sick leave. Thank unions for paid family leave. Thank unions for your vacation time." Because when union wages go up, everybody's wages go up. When union workplaces are safer, all workplaces are safer. When unions are strong, America is strong.

Check the Vocabulary

incredible 놀라운, 믿을 수 없는 | **lieutenant governor** 부지사 | **cradle** 요람 | **local** (미국)노동 조합 등의 지방 지부 | **sick leave** 병가 | **paid family leave** 유급 육아 휴직

있잖아요. 조와 저는 우리가 미국 역사에서 가장 친-노조 행정부임을 아주 자랑스럽게 생각한다는 사실에 대해 많은 대화를 나눕니다. 우리가 아는 바와 같이 조는 아직도 할 일이 많아요. 그러니까 그것도 또한 이해합시다.

그래서 저는 Shapiro 주지사, Davis 부지사, 이번 11월 선거에서 우리가 재선시킬 Casey 상원의원, Gainey 시장, Schuler 회장, Cooper 회장을 포함해서 오늘 이 자리에 계신 모든 놀라운 지도자들, 여기 계신 모든 노조 지도자들, 여기 계신 모든 노조원들에게 감사의 말을 전하고 싶습니다. 자 이제 몇 가지 사항으로 그냥 바로 가겠습니다.

저는 노동절을 사랑합니다. 저는 노동절 기념하는 것을 무척 좋아합니다. 그리고 피츠버그는 당연히 미국 노동운동의 요람입니다. 이곳은 AFL(미국노동 총연맹)의 발생지입니다. 철강 노동자들의 본부이고, 소방대 1지부의 본고장이며 당연히 역사적인 〈국제전기공조합〉 5지부의 본고장이지요. 150년이상 형제, 자매 노동자들은 공정 임금, 더 나은 수당과 안전한 근로 조건을 위한 투쟁을 이끄는 데 일조했습니다. 그리고 이 나라의 모든 국민은 그 투쟁으로 혜택을 입었습니다. 제가 가는 곳마다 저는 사람들에게 말합니다. "여러분은 노조원이 아닐 수 있지만 여러분은 주 5일 근무제에 대해, 병가에 대해, 유급 육아 휴직에 대해, 휴가 기간에 대해 노조에게 감사하는 게 좋겠습니다."라고요. 왜냐하면 노조 임금이 올라가면 모든 사람의 임금이 올라가기 때문이죠. 노조원들의 직장이 더 안전해지면 모든 직장이 더 안전해집니다. 노조가 강하면, 미국이 강합니다.

And we are clear. Not only has Pittsburgh shaped the history of America's labor movement, today, you are also shaping its future. In 2021 with my dear friend the secretary, Marty Walsh, who the president appointed to be Secretary of Labor. He and I hosted a meeting right here in this local, and it was part of the White House labor task force that I lead. That day, we met with a group of computer programmers who were working to form a union. One month later, they signed their contract and became one of the first technology unions in our nation, standing on the shoulder of all those who have been here and fought the good fight.

Check the Vocabulary

appoint 임명하다

그리고 분명합니다. 피츠버그가 미국 노동운동의 역사를 형성하고, 오늘날 여러분 또한 노동 운동의 미래를 만들고 있다고 확신합니다. 2021년 저의 절친한 친구인 Marty Walsh, 대통령이 노동부 장관으로 임명하신 분과 함께 저는 바로 여기 이 지부에서 모임을 주최했었는데 그건 제가 이끄는 백악관 노동 대책위원회의 일환이었습니다. 그날 우리는 노조를 만들려고 노력하던 일단의 컴퓨터 프로그래머들과 회동했습니다. 한 달 후, 그들은 계약서에 서명하고 우리나라에서 최초의 기술 노조들 중 하나가 됨으로써 여기서 훌륭하게 싸워온 모든 사람들의 어깨 위에 서게 된 것입니다.

In this election, there are two very different visions for our nation, one, ours focused on the future, the other focused on the past. We fight for the future. We fight for a future of dignity, respect, and opportunity for all people. We fight knowing it's some backward thinking for those folks who have been suggesting for years that the measure of the strength of a leader is based on who you beat down. That's the stuff they're pushing, that the measure of the strength of a leader is based on who you beat down. When we know the true measure of the strength of a leader is based on who you lift up, who you lift up. Do you fight for workers? Do you fight for families? Do you fight for those who must be seen and heard and deserve the dignity that comes with hard work? That's what we fight for. And when you know what you stand for, you know what to fight for.

Check the Vocabulary

backward thinking 낙후된 생각 | **based on** ~에 근거하여 | **lift up** 고양시키다

이번 선거에서 우리나라에는 많이 다른 두 개의 비전이 있습니다. 하나는 미래에 집중하는 우리의 비전이고, 다른 하나는 과거에 집중하는 비전입니다. 우리는 미래를 위한 싸움을 합니다. 우리는 모든 사람을 위한 존엄, 존경과 기회의 미래를 위해 싸웁니다. 우리는 그것은 지도자의 힘의 척도는 누군가를 때려눕히는 것을 토대로 한다고 수년간 주장해온 사람들의 낙후된 생각이라는 것을 알고 싸웁니다. 그것이 그들이 추진하고 있는 것입니다. 지도자의 힘의 척도는 누구를 때려눕히느냐를 기초로 한다는 것 말입니다. 우리가 지도자의 힘의 진정한 척도는 누구를 고양시키느냐, 누구를 고양시키느냐를 기준으로 하는 것이라는 것을 안다면, 여러분은 노동자들을 위해 싸웁니까? 가족들을 위해 싸웁니까? 여러분은 인정받아야 하고 목소리를 내야 하고, 열심히 일하면 따라오는 존엄을 받을 자격이 있는 사람들을 위해 싸웁니까? 그게 우리가 싸우는 목표입니다. 그리고 여러분은 무엇을 지키고자 하는지를 안다면 무엇을 위해 싸우는지를 알게 됩니다.

And one of the ways we're going to guarantee we don't go back is that we remember, right? It is important to remember what that was and what it is. Remember, as President, Donald Trump blocked overtime benefits from millions of workers. He opposed efforts to raise the minimum wage. As the President said, he appointed union busters to the National Labor Relations Board. And don't forget, he supported so-called right-to-work laws. And if Donald Trump were to be reelected, he intends to give more tax cuts to billionaires in big corporations. He intends to cut Social Security and Medicare. He wants to impose what in effect would be a national sales tax, I call it the Trump's national sales tax, on everyday products and basic necessities that would cost a typical American family, the economists have said this, almost $4,000 a year. He intends to repeal the Affordable Care Act. And take us back to what we remember, because it wasn't that long ago, was a time when insurance companies could deny people with pre-existing conditions. Do you remember what that was? Children with asthma, breast cancer survivors, grandparents with diabetes.

우리가 되돌아가지 않는다는 것을 보장하게 될 방법 중 하나는 기억하는 겁니다. 맞죠? 그게 뭐였고, 그게 뭔지 기억하는 것은 중요합니다. 기억하십시오, 도널드 트럼프는 대통령으로서 근로자 수백만명의 초과근무 수당을 막았다는 것을. 그는 최저 임금 인상노력에 반대했습니다. 대통령이 말한 대로, 그는 노조 파괴자들을 전국 노동관계 위원회에 임명했습니다. 그리고 기억하십시오, 그가 소위 노동권법을 찬성했다는 것을. 그래서 도널드 트럼프는 재선출되면 대기업 갑부들에게 더 많은 감세혜택을 주려고 합니다. 그는 사회보장과 노인 의료 보험 제도을 삭감하려고 합니다. 그는 사실상 소매세를 부과하고 싶어합니다. 저는 그걸 트럼프 소매세라고 부르는데, 경제학자들은 일상용품들과 기본 필수품에 트럼프 소매세가 부과되게 되면 한 일반 미국인 가정에 거의 연 4000달러의 피해를 줄 것이라고 말했습니다. 그는 건강보험개혁법을 폐지해서 그리 오래되지 않아서 우리가 기억하는 시기로 돌아갈 생각을 하고 있습니다. 보험회사들이 기존 질병이 있는 사람들을 거절했던 시기로 돌아가려고 합니다. 여러분 그게 뭐였는지 기억하십니까? 천식이 있는 어린이들, 유방암 생존자들, 당뇨병이 있는 조부모들에게는 보험혜택을 주지 않았던 시기로 돌아가려고 합니다.

SPEECH

07

Acceptance Speech
as the Democratic Party's
Presidential Candidate

민주당 대선 후보 수락 연설

2024년 8월 22일. 시카고, 일리노이 주

2024년 8월 22일 일리노이 주, 시카고에서 열린 민주당 전당대회에서 행한 대선후보 수락 연설이다. 미국 역사상 두 번째로 여성 대통령에 도전하는 해리스는 정당, 인종, 성별, 언어, 계층에 상관없이 지구상에서 가장 위대한 이 나라의 모든 국민을 대신해 후보 지명을 수락한다면서 정치적 견해에 상관없이 모든 국민을 통합하고, 상식을 가진 국민을 위해 싸우며 강력한 중산층을 복원하는 대통령이 되겠다고 말했다. 공교롭게도 이 날은 해리스의 결혼 10주년 기념일이라 그녀에게는 더욱 뜻 깊은 날이었다.

So, let me start by thanking my most incredible husband Doug for being an incredible partner to me and incredible father to Cole and Ella. And happy anniversary, Dougie. I love you so very much.

To our president, Joe Biden. When I think about the path that we have traveled together, I am filled with gratitude. Your record is extraordinary, as history will show. And your character is inspiring. Doug and I love you and Jill, and are forever thankful to you both. And to Coach Tim Walz, you are going to be an incredible Vice President. And to the delegates and everyone who has put your faith in our campaign - your support is humbling.

So, America, the path that led me here in recent weeks was, no doubt, unexpected. But I'm no stranger to unlikely journeys.

My mother, our mother Shyamala Harris had one of her own. And I miss her every day. Especially right now. And I know she's looking down smiling. I know that. My mother was 19 when she crossed the world alone, traveling from India to California, with an unshakeable dream to be the scientist who would cure breast cancer. When she finished school, she was supposed to return home to a traditional arranged marriage.

Check the Vocabulary

gratitude 감사, 고마움 | **delegate** 대표, 대의원, 위임하다 | **unshakable** 흔들리지 않는, 확고부동한 |
arranged marriage 중매결혼

자, 저에게는 놀라운 파트너, Cole과 Ella에게는 놀라운 아빠가 되어 준 남편 Doug에게 감사하다는 말로 시작하겠습니다. 그리고 Doug, 오늘은 결혼 기념일이야. 난 당신을 정말로 많이 사랑해요.

조 바이든 대통령님, 우리가 함께 여행한 길을 생각하면 감사하는 마음이 가득 차 있습니다. 대통령님의 기록은 역사가 보여주겠지만 정말 엄청납니다. 그리고 대통령님의 인품은 영감을 줍니다. Doug와 저는 대통령님 부부를 사랑합니다. 두 분께 영원히 감사합니다. Tim Walz 코치님, 당신은 훌륭한 부통령이 될 겁니다. 그리고 우리 선거캠프를 신뢰해주신 대의원들과 모든 분들, 여러분의 지원에 겸손해질 수 밖에 없습니다.

미국시민 여러분, 최근 몇 주 동안 저를 이 곳으로 이끌었던 길은 분명 예상치 못한 것이었습니다. 하지만 저는 일어날 성싶지 않은 여정에 낯설지 않습니다.

저의 어머니, 우리 어머니 Shyamala Harris는 자신만의 여정을 가졌습니다. 저는 매일 어머니를 그리워합니다. 특히 이 순간에는 더욱 그립습니다. 저는 어머니가 저를 내려다보며 미소 짓고 있다는 걸 알고 있습니다. 어머니는 열 아홉 살 때 홀로 세계를 넘어 인도에서 캘리포니아로 여행하면서 유방암을 치료하는 과학자가 되겠다는 확고한 꿈을 가졌습니다. 학교를 마치고 어머니는 전통적인 중매결혼을 위해 귀국하기로 되어있었습니다.

🎧 07

But, as fate would have it, she met my father, Donald Harris, a student from Jamaica. They fell in love and got married, and that act of self-determination made my sister, Maya and me. Growing up, we moved a lot. I will always remember that big Mayflower truck, packed with all our belongings, ready to go - to Illinois, to Wisconsin, and wherever our parents' jobs took us.

My early memories of our parents together are very joyful ones. A home filled with laughter and music. Aretha. Coltrane. And Miles. At the park, my mother would say, "stay close". But my father would say, as he smiled, "Run, Kamala. Run." "Don't be afraid." "Don't let anything stop you." From my earliest years, he taught me to be fearless.

But the harmony between my parents did not last. When I was in elementary school, they split up. And it was mostly my mother who raised us.

하지만 어머니는 운명의 장난으로 자메이카에서 온 유학생 아버지 Donald Harris를 만나 사랑에 빠져 결혼하게 되었습니다. 그리고 이 자율적인 결정이 제 여동생 Maya 와 저를 만들었습니다. 우리는 성장하면서 여러 곳으로 이사했습니다. 그 큰 메이플 라워 트럭이 우리 짐을 가득 실은 모습은 항상 기억할겁니다. 일리노이, 위스콘신, 부모님의 직장이 있는 곳으로 어디든지 떠날 준비가 되어 있었습니다.

저의 부모님과 함께 한 어렸을 적 기억들은 매우 즐거운 것들입니다. 웃음과 음악이 가득한 집, Aretha, Coltrane, Miles의 음악이 흐르는 집이었습니다. 공원에서 어머 니가 가까이 있으라고 하셨지만 아버지는 미소를 지으며 "달려, 카멀라! 두려워하지 마라, 그 어떤 것도 너를 멈추게 하지 마라"고 말씀하셨습니다. 아버지는 어렸을 적 부터 저에게 두려워하지 말라고 가르치셨습니다.

하지만 부모님의 조화는 오래가지 못했습니다. 제가 초등학교 다닐 때 부모님은 이혼 하셨고 주로 어머니가 저희들을 키웠습니다.

07

Before she could finally afford to buy a home, she rented a small apartment in the East Bay. In the Bay - in the Bay, you either live in the hills or the flatlands. We lived in the flats. A beautiful working-class neighborhood of firefighters, nurses, and construction workers, all who tended their lawns with pride.

My mother worked long hours. And, like many working parents, she leaned on a trusted circle to help raise us. Mrs. Shelton, who ran the daycare below us and became a second mother. Uncle Sherman. Aunt Mary, Uncle Freddy, Auntie Chris. None of them, family by blood. And all of them, family by love. Family who taught us how to make gumbo, how to play chess. And sometimes even let us win. Family who loved us, believed in us, and told us we could be anything and do anything.

Check the Vocabulary

flatland 평지 | **tend** 돌보다, 경향이 있다 | **lean** 기대다 | **family by blood** 혈연관계 | **gumbo** 닭이나 해산물에 보통 오크라(okra)를 넣어 걸쭉하게 만든 수프

어머니는 드디어 집을 살 수 있을 때까지 East Bay에 있는 작은 아파트를 임대하셨습니다. 베이 지역에서는 사람들이 언덕에 살거나 평지에 삽니다. 우리는 평지에 살았습니다. 소방관, 간호사, 건설 노동자들 모두 다 자긍심을 갖고 자신들의 잔디를 가꾼 아름다운 노동자 계층의 이웃이었습니다.

어머니는 장시간 일하셨습니다. 그리고 많은 일하는 부모님처럼 저희들을 키우기 위해 믿을 수 있는 분들에게 의지하셨습니다. 아래에서 탁아소를 운영하던 Shelton 부인은 두 번째 어머니가 되어주셨고, Sherman 삼촌, Mary 이모, Freddy 삼촌과 Chris 이모. 혈연관계는 아니지만 모두 사랑이 만든 가족이었습니다. 그분들은 저희에게 검보를 만드는 법과 체스게임하는 방법을 가르쳐주셨고 때로는 저희가 이기게도 하셨습니다. 가족과 같은 이분들은 저희를 사랑하고, 믿고, 무엇이든지 될 수 있다고 무엇이든 하라고 말씀하셨습니다.

They instilled in us the values they personified - Community, faith, and the importance of treating others as you would want to be treated. With kindness, respect, and compassion. My mother was a brilliant, five-foot-tall, brown woman with an accent. And, as the eldest child, I saw how the world would sometimes treat her. But she never lost her cool. She was tough, courageous, a trailblazer in the fight for women's health. And she taught Maya and me a lesson that Michelle mentioned the other night. She taught us to never complain about injustice, but do something about it. Do something about it. That was my mother.

And she taught us - and she always - she also taught us, and she also taught us, never do anything half-assed. And that is a direct quote. A direct quote.

I grew up immersed in the ideals of the Civil Rights Movement. My parents had met at a civil rights gathering. And they made sure that we learned about civil rights leaders, including the lawyers like Thurgood Marshall and Constance Baker Motley. Those who battled in the courtroom to make real the Promise of America.

Check the Vocabulary

instill 서서히 주입시키다 | **personify** 의인화하다 | **lose one's cool** 냉정을 잃다, 흥분하다 | **trailblazer** 개척자, 선구자 | **half-assed** 아무렇게나 한 | **immerse** ~에 몰두하다 | **gathering** 모임

그분들은 그들이 구현한 가치, 즉 공동체, 신앙 그리고 다른 사람들을 대할 때는, 대접받고 싶은 대로 대하는 것의 중요성을 우리에게 심어줬습니다. 친절, 존중, 배려심을 갖고요. 키가 5피트인 어머니는 갈색 피부에 (인도인 특유의)악센트가 있는 영리한 여성이었습니다. 저는 첫째아이로서 때로는 세상이 그녀를 어떻게 대하는지 봤습니다. 하지만 그녀는 절대로 냉정을 잃지 않았습니다. 어머니는 강인하고, 용감했습니다. 여성 건강을 위한 싸움에서 개척자였던 어머니는 Maya와 저에게 Michelle이 지난 밤 언급했던 교훈을 가르쳐 주셨습니다. 어머니는 우리에게 절대로 불의에 대해 불평하지 말라고 가르치셨습니다. 하지만 뭔가를 하라고, 뭔가를 해야 한다고 말씀하셨습니다. 어머니는 그런 분이셨습니다.

또 어머니는 늘 저희에게 무엇이든 엉터리로 하지말라고 하셨습니다. 직접적인 인용입니다. 그대로 옮긴 겁니다.

저는 인권운동의 이상에 푹 빠져 성장했습니다. 저희 부모님은 인권 모임에서 만나셨고 저희가 Thurgood Marshall, Constance Baker Motley과 같은 변호사들을 포함한 인권 지도자들에 대해서 배우게 하셨습니다. 이분들은 미국의 약속을 실현하기 위해 법정에서 싸우신 분들입니다.

07

So, at a young age, I decided I wanted to do that work. I wanted to be a lawyer. And when it came time to choose the type of law I would pursue, I reflected on a pivotal moment in my life.

You see, when I was in high school, I started to notice something about my best friend Wanda. She was sad at school. And there were times she didn't want to go home. So, one day, I asked if everything was alright. And she confided in me that she was being sexually abused by her step-father. And I immediately told her she had to come stay with us. And she did. That is one of the reasons I became a prosecutor. To protect people like Wanda, because I believe everyone has a right: To safety, to dignity, and to justice.

Check the Vocabulary

pursue 추구하다, 해나가다 | **pivotal** 중요한 | **confide** 비밀을 털어놓다 | **immediately** 즉시 | **prosecutor** 검사

그래서 저는 어린 나이에 그런 일을 하고 싶다고 결심했습니다. 그리고 어떤 법을 공부할 것인지 선택할 시간이 되었을 때, 제 인생에서 한 중요한 순간을 되돌아봤습니다.

고교시절, 저는 저의 가장 친한 친구 Wanda에게 어떤 일이 일어났다는 것을 알아챘습니다. 그녀는 학교에서 슬퍼보였고, 집에 가고 싶지 않은 날들이 있었습니다. 그래서 어느 날 모든 것이 괜찮은지 물어봤습니다. 그러자 그녀는 계부에게 성적인 학대를 당하고 있다고 저에게 털어놨습니다. 그 말을 듣고 즉시 우리 집에 와서 지내라고 말했습니다. 그녀는 그렇게 했습니다. 이게 제가 검사가 된 이유 중 하나입니다. 저는 모든 사람이 다음과 같은 권리를 갖고 있다고 믿고 있기 때문에 Wanda와 같은 피해자들을 보호하기 위해서입니다. 안전, 존엄, 정의에 대한 권리 말입니다.

07

As a prosecutor, when I had a case, I charged it not in the name of the victim, but in the name of, "The People."

For a simple reason. In our system of justice, a harm against any one of us is a harm against all of us. I would often explain this to console survivors of crime, to remind them: No one should be made to fight alone. We are all in this together.

Every day in the courtroom, I stood proudly before a judge and said five words: "Kamala Harris, for the People." And to be clear, my entire career, I've only had one client: The People.

And so, on behalf of The People, On behalf of every American, regardless of party. race. gender, or the language your grandmother speaks. On behalf of my mother and everyone who has ever set out on their own unlikely journey. On behalf of Americans like the people I grew up with - people who work hard, chase their dreams, and look out for one another. On behalf of everyone whose story could only be written in the greatest nation on Earth. I accept your nomination to be President of the United States of America.

Check the Vocabulary

charge 고발하다, 기소하다 | console 위로하다 | courtroom 법정 | on behalf of ~을 대표하여 | regardless of ~에 상관없이 | set out on a journey 여행을 떠나다 | look out for 보살피다

검사로서 저는 사건을 맡으면 피해자의 이름으로 기소하지 않았습니다. 대신에 "국민"의 이름으로 기소했습니다.

간단한 이유 때문입니다. 우리의 사법 체계에서는 우리 중 누구에게 가해진 위해는 모두에게 가해진 위해입니다. 저는 종종 이를 설명하여 범죄 생존자들을 위로하곤 했습니다. 그들에게 상기시켜 주기 위해서입니다. 아무도 혼자 싸우게 해서는 안됩니다. 우리는 모두 함께 하는 겁니다. 라고요.

법정에서 매일, 저는 자랑스럽게 판사 앞에 서서 다섯 마디를 말했습니다. "카멀라 해리스, 국민을 위해". 분명히 말씀드리자면, 저의 전 경력에서 한 명의 의뢰인만 있었습니다. 그 한 명의 고객은 국민입니다.

그래서 국민을 대신하여 모든 국민을 대신하여 정당, 인종, 성별, 또는 할머니가 사용하는 언어와 상관없이, 제 어머니를 비롯한 예상 밖의 여정을 시작했던 모든 사람을 대신하여 열심히 일하고, 꿈을 좇으며 서로를 돌보는 사람들, 지구상에서 가장 위대한 나라에서만 쓰일 수 있는 이야기들을 가진 모든 사람들을 대신해 저는 미국 대통령 후보 지명을 수락합니다.

Remarks at
Alpha Kappa Alpha Sorority, Inc.

여성단체 알파 카파 알파에서의 연설

2024년 7월 10일. 댈러스, 텍사스 주

아프리카계 미국인 여대생들이 1908년 설립한 유명한 여성 법인단체인 〈알파 카파 알파〉에서 행한 연설이다. 마틴 루터 킹 주니어 목사의 부인인 Coretta Scott King과 저명한 시인이자, 작가, 배우였던 Maya Angelou도 이 여성회 출신이다. 한 표가 절박한 해리스의 입장에서는 흑인 여성 유권자들의 마음을 얻기 위해 꼭 방문해야 하는 곳 중 하나였다.

08

Before I begin, I will say a few words on Hurricane Beryl. Our hearts, of course, are with the millions of Texans who are facing the devastating impact of the storm and all those who lost loved ones and the first responders who have worked around the clock to keep people safe and the line crews, who are working as fast as possible to restore power.

President Biden has approved a major disaster declaration. And we will continue to stand with the people of Texas as we rebuild and recover.

And with that I will address the topic at hand.

Sorors, as many of you know, this sisterhood has been a part of my life since my earliest days, starting with my aunt, Ms. Christine Simmons, who was initiated in 1950 at Howard University. And from 1978 to 1981, she served as basileus of Alpha Nu Me- — Nu Omega Chapter in Wa- — in Oakland, California.

devastating 엄청난, 충격적인 | **the first responders** 응급 구조대원 | **around the clock** 24시간 내내, 밤낮 없이 | **declaration** 선언, 선포 | **at hand** 당면한, 가까이에 있는

시작하기 전에 허리케인 Beryl에 대해 몇 마디 하겠습니다. 당연히 우리의 마음은 엄청난 폭풍의 영향에 직면해 있는 수백만 텍사스인들, 사랑하는 사람들을 잃은 모든 분들, 사람들을 안전하게 하기 위해서 밤낮을 가리지 않고 일해온 응급처치요원들과 전력을 복구하기 위해 최대한 빠른 속도로 일하고 있는 전력회사 팀원들과 함께 하고 있습니다.

바이든 대통령은 중대한 재난선포를 승인했습니다. 그리고 우리는 계속해서 텍사스 주민들과 함께 재건하고 회복할 것입니다.

자, 이제는 당면 주제를 다루겠습니다. 여성회 회원 여러분 많은 분들이 아시다시피, Howard 대학에서 1950년 가입한 저의 이모 Christine Simmons에서부터 시작해서 이 여권신장 동우회는 저의 아주 어린시절부터 제 삶의 일부였습니다. 그녀는 1978년부터 1981년까지 캘리포니아주 오클랜드에 위치한 Alpha Nu Omega 지부장이셨습니다. (번역가주 : 독자들의 이해를 돕기 위해 스크립트 오류를 설명드리자면, 해리스는 잘못 발음한 Nu Me를 Nu로 정정했고 잘못 발음한 in Wa를 in Oakland로 정정했습니다.)

And, in fact, one summer, Auntie Chris hosted one of our revered founders, Ms. Norma E. Boyd, who was then 93 years old. And Ms. Boyd gave me her book, "A Love That Equals My Labors," which she signed, "To Kamala. With love, Norma E. Boyd."

And that cherished book now sits in my West Wing office at the White House as a testament to our enduring legacy, a legacy that began 116 years ago when Alpha Kappa Alpha Sorority, Incorporated, was founded to create desperately needed social and legal change and to build networks of support for Black college women.

사실은, 어느 여름 날 Chris 이모는 우리의 존경받는 창립자 중 한 분인 Norma E. Boyd씨를 접대하셨습니다. 당시 Boyd씨는 93세였습니다. Boyd 여사는 저서 〈A Love That Equals My Labors〉에 "카멀라에게. 사랑을 담아, Norma E Boyd"라고 쓴 친필과 함께 그녀의 책을 증정해주셨습니다.

고이 간직된 그 책은 지금 백악관에 있는 저의 웨스트 윙 집무실에 놓여 있습니다. 당시 절실히 필요했던 사회적, 법적 변화를 일으키기 위해 그리고 흑인 여대생들을 위한 지원망 구축을 위해 알파 카파 알파 여성단체가 창립된 116년 전에 시작된 우리의 영원한 유산에 대한 증거입니다.

Our sisterhood was also founded, as we know, in the face of profound challenges in our country. Think about it. In 1908, women were not guaranteed the right to vote. There was not a single Black person in the United States Congress. And that year, 89 Black Americans were lynched, and that was just the number that was documented.

And yet, despite all of this, and perhaps because of it, our founders believed in the power of sisterhood and service. And our founders believed in the promise of America — a promise of freedom, opportunity, and equality not for some but for all.

For generations, in furtherance of the vision of our founders, we have fought, then, to realize that promise. From our creation of the Mississippi Health Project in the 1930s to job training and literacy programs in the 1960s and '70s and then, most recently, of course, the work on voting rights and economic opportunity and child hunger.

Check the Vocabulary

profound 엄청난 | **challenge** 도전 | **guarantee** 보장하다 | **document** 증거 서류로 입증하다, 기록하다 | **furtherance** 촉진, 추진 | **literacy** 읽고 쓰는 능력

우리 여성단체는 또한 아시다시피 우리나라의 엄청난 도전에 맞서 창설되었습니다. 생각해보세요. 1908년에 여성들에게는 투표권이 보장되지 않았습니다. 미국의회에 흑인 의원은 단 한 명도 없었습니다. 그 해에 흑인 미국인 89명이 린치를 당했는데 그건 단지 기록된 수치일뿐입니다.

그럼에도 불구하고, 이 모든 것에도 불구하고, 아마도 그것 때문에 우리의 설립자들은 여성공동체와 봉사의 힘을 믿었습니다. 우리 설립자들은 미국의 약속, 즉 일부가 아니라 모두를 위한 자유, 기회, 평등의 약속을 믿었습니다.

수 세대에 걸쳐서 우리 설립자들의 비전을 촉진시키기 위해 우리는 그 약속을 실현하기 위해 싸웠습니다. 1930년대 미시시피 건강 프로젝트 창설에서 1960년대와 70년대 직무교육과 언어교육 프로그램, 그 이후 당연히 가장 최근까지 투표권과 경제기회와 굶주리는 어린이들을 위한 그 일 말입니다.

🎧 08

Throughout our history, the leaders of Alpha Kappa Alpha have stood up, spoken out, and done the work to build a brighter future for our nation, including, of course, in 2020, when, during the height of a pandemic, you helped elect Joe Biden president of the United States and me as the first woman elected vice president of the United States.

And it is because of your work and your support that we have been able to then fill our administration with incredible leaders, such as Shalanda Young — Soror Shalanda Young who is the head of the most powerful Office of Management and Budget — she controls the money and, of course, a member of our sorority.

The promise of America: the promise of freedom, opportunity, and equality for all people.

You know, when we first took office, the president and I knew that to realize that promise, we must address long-standing issues — some issues that people just don't like to even talk about.

Check the Vocabulary

throughout 통틀어, 내내 | **administration** 행정 | **sorority** 여성회 | **take office** 취임하다 | **address** 해결하다

110

우리의 역사를 통틀어 *Alpha Kappa Alpha* 지도자들은 대담하게 맞서 분명히 목소리를 내면서 우리나라의 더 밝은 미래를 건설하기 위한 노력을 했습니다. 이 노력에는 당연히 2020년도 포함되는데, 팬데믹이 한창이던 이 시기에 여러분들은 조 바이든을 미국 대통령으로, 저를 여성 최초의 미국 부통령으로 당선시키는 데 일조하셨습니다.

우리가 당시에 우리 행정부를 *Shalanda Young* 같은 놀라운 지도자들로 채울 수 있었던 것은 여러분의 노력과 지지 덕분입니다. *Alpha Kappa Alpha* 회원이신 *Shalanda Young*은 가장 힘있는 예산관리국 책임자로서 예산을 통제하십니다. 이 분은 당연히 우리 여성회 회원이시지요.

미국의 약속 즉, 모든 사람들을 위한 자유, 기회, 평등의 약속입니다.

우리가 처음 취임했을 때, 대통령과 저는 그 약속을 실현하기 위해서는 오래된 문제들을 해결해야 한다는 것을 알았습니다. 이 중 일부 문제들에 대해서는 사람들이 얘기를 꺼내는 것조차 싫어해요.

Check the Vocabulary

We decided we must, for example, make health care more affordable because the reality is that access to health care should be a right and not just a privilege of those who can afford it.

We decided to look at specific communities that have been long suffering on specific issues, then, including diabetes. So, we decided to address the cost of insulin with the knowledge that Black people are 60 percent more likely to be diagnosed with diabetes. And we took on Big Pharma and capped the cost of insulin for our elders at $35 a month.

We knew, to realize the promise of America, we must address the issue of student loan debt. And I know there are many here who have benefitted from that work. Please testify. And we have forgiven debt for nearly 5 million people so far — and twice as much for our public servants, including our nurses and our teachers and our firefighters.

The president and I have also taken on the issue of medical debt, finally making it so that medical debt, which is usually the result of a medical emergency — it's not something you plan; it's not something you invite — but we have made it now so that medical debt can no longer be used against your credit score.

<hr>

Check the Vocabulary

privilege 특권 | **diabetes** 당뇨병 | **cap** 상한을 정하다 | **testify** 증언하다 | **forgive** 탕감하다, 용서하다 | **public servant** 공무원 | **take on** 떠맡다, 해결하다, 맞붙다, 도전하다

예를 들어 우리는 의료비가 보다 더 저렴해져야 한다고 결정했습니다. 왜냐하면 현실은 의료서비스에 대한 기회는 그것을 받을 여유가 있는 사람들의 특권이 아니라 권리가 되어야 한다는 겁니다.

우리는 당뇨병을 포함해 특정한 문제로 오랫동안 고통을 겪어온 특정 지역을 살펴보기로 했습니다. 그래서 흑인들이 당뇨병 진단받을 가능성이 60% 더 높다는 걸 알고서 인슐린 가격 문제를 해결하기로 했습니다. 우리는 거대 제약회사들과 맞붙어 우리 노인들의 인슐린 가격을 한 달에 35달러로 상한선을 정했습니다.

우리는 미국의 약속을 실현하기 위해서는 학자금 대출문제를 해결해야 한다는 것을 알고 있었습니다. 저는 그 노력으로 여기 계신 많은 분들이 혜택을 봤다는 걸 알아요. 증언해주세요. 우리는 지금까지 근 5백만명을 탕감해줬습니다. 우리의 간호사, 교사, 소방대원들을 포함해 공무원들에게는 두 배를 탕감해줬습니다.

대통령과 저는 또한 의료비 문제를 드디어 해결하였습니다. 여러분이 계획하지 않고, 초래하지도 않은 응급상황에 의한 의료 빚 문제가 마침내 해결되어 긴급 진료에 의한 의료빚은 여러분의 신용 평점에 더 이상 불리하게 이용되지 않습니다.

Check the Vocabulary

SPEECH

09

Speech on the Fight for Reproductive Freedoms

여성의 생식의 자유에 관한 연설

2024년 5월 1일. 잭슨빌, 플로리다 주

트럼프와의 대선 경주에서 이길 수 있는 쟁점인 여성의 낙태권 관련하여 행한 연설이다. 공화당 후보 트럼프와 정반대의 차별화된 정책으로 여성 유권자들의 표심을 얻으려고 열변을 토했다. 이 연설은 카멀라 해리스가 대선후보가 되기 전에 행한 연설이다.

Good afternoon, everyone. Can we please give it up for Dr. Tien? Where is she?

I had the chance to spend some time with her this afternoon, and I thanked her for her courage and for the work that she and her colleagues are doing at this critical time in our country in the midst of this critical healthcare crisis. She has been an extraordinary leader. So, thank you, Dr. Tien, for all that you are.

And thank you to all the leaders who are with us today — Leader Driskell, Leader Davis, Mayor Deegan — and Democratic State Party Chair Nikki Fried. And a special thank you to all the organizers and advocates and elected leaders who have been on the forefront of this fight for so long.

Check the Vocabulary

give it up for ~에게 박수를 보내다 | **midst** 중앙, 가운데 | **advocate** 지지자, 옹호자 | **on the forefront of** ~의 선두에

안녕하세요, 여러분. Tien 박사님께 박수 좀 부탁드립니다. 어디 계시죠?

저는 오늘 오후 그녀와 함께 잠시 시간을 보낼 기회가 있었습니다. 저는 이 중대한 의료위기를 겪고 있는 상황 속에서 우리나라의 이 중요한 시기에 그녀의 용기와 그녀와 그녀의 동료들이 하고 있는 일에 대해 고마움을 전했습니다. 그녀는 놀라운 지도자였습니다. 그래서 Tien 박사님, 박사님의 모든 것에 대해 감사드립니다.

그리고 오늘 우리와 함께 하고 계신 모든 지도자분들에게 감사합니다. 지도자 Driskell, 지도자 Davis, Deegan 시장님과 Nikki Fried 민주당 주 당의장님 감사합니다. 그리고 주체측 모든 분들, 지지자들, 선출된 지도자분들에게 특별히 감사드립니다. 이분들은 오랫동안 선두에서 싸우셨습니다.

So, listen, I think we all know this is a fight for freedom. This is a fight for freedom — the fundamental freedom to make decisions about one's own body and not have their government tell them what they're supposed to do.

And as we know, almost two years ago, the highest court in our land — the court of Thurgood and RBG — took a constitutional right that had been recognized from the people of America, from the women of America. And now, in states across our nation, extremists have proposed and passed laws that criminalize doctors, punish women; laws that threaten doctors and nurses with prison time, even for life, simply for providing reproductive care; laws that make no exception for rape or incest, even reviving laws from the 1800s.

그래서 들어보세요. 저는 우리 모두 이것은 자유를 위한 싸움이라는 걸 알고 있다고 생각합니다. 이것은 자유를 위한 싸움입니다. 자신의 몸에 대한 결정을 내릴 기본 자유와 정부가 그들에게 해야하는 것이라고 말하지 못하게 할 자유를 말입니다.

우리가 아는 바와 같이 거의 2년 전에 이 나라의 대법원은 (진보적인)대법관들인 Thursgood과 RBG 재직시 합법화되었던 헌법상의 권리를 미국 국민으로부터, 미국 여성들로부터 빼앗아갔습니다. 그래서 현재는, 전국적으로 주에서 극단주의자들이 의사들을 범인 취급하고, 여성들을 처벌하는 법안을 제출해서 가결시켰습니다. 단순히 출산 의료를 제공했다고 해서 의사들과 간호사들에게 감옥형을 심지어 무기징역형이 내려지게 하겠다고 위협하는 법을, 강간과 근친상간에 대해서도 예외를 두지 않는 법, 심지어 1800년대 법을 부활시키기까지 했던거죠.

🎧 09

Donald Trump handpicked three members of the United States Supreme Court because he intended for them to overturn Roe. And as he intended, they did.

Now, many of you here may recall I served on the Judiciary Committee as a United States senator, and I questioned two of those nominees. To one of them I asked, quote — I will quote myself — "Can you think of any law that give the government the power to make decisions about the male body?" And it will come as no shock to everyone here, he had no good answer. And that day, we all knew what was about to come, and it happened just as Donald Trump intended.

Now, present day, because of Donald Trump, more than 20 states have abortion bans, more than 20 Trump abortion bans. And today, this very day, at the stroke of midnight, another Trump abortion ban went into effect here in Florida. As of this morning, 4 million women in this state woke up with fewer reproductive freedoms than they had last night. This is the new reality under a Trump abortion ban.

도널드 트럼프는 미국 대법관 세 명을 직접 뽑았습니다. 직접 임명한 이 세 명이 로우 대 웨이드 사건 판례를 뒤집게 할 의도를 갖고 있었기 때문이죠. 그가 의도한대로 이들은 그 판결을 뒤엎었습니다.

자, 여기 계신 많은 분들은 제가 상원의원으로 법사위원회에서 일한 것을 기억하실텐데 저는 지명자 중 두 명에게 물었습니다. 그 중 한 분에게 이렇게 물었습니다. 제가 뭐라 했었냐면 "정부에게 남성 신체에 대한 결정을 내릴 수 있는 권한을 부여하는 법률이 어떤게 있는지 생각나시나요?" 여기 계신 모든 분들은 놀라지 않으실거에요. 그가 제대로 답변을 못했으니까요. 그리고 그날 우리 모두 무슨 일이 일어날지 알고 있었고 도널드 트럼프가 의도했던 대로 일이 벌어졌어요.

오늘날 도널드 트럼프 때문에 20개 이상의 주에서 낙태가 불법입니다. 20개가 넘는 주에서 도날드로 인해 임신중절이 금지되어 있습니다. 그리고 오늘, 바로 오늘 밤 12시 정각에 또 하나의 트럼프 낙태 금지법이 여기 플로리다주에서 발효되었습니다. 오늘 아침부로 이 주에서는 여성 4백만 명이 깨어나보니 지난 밤에 비해 생식의 자유가 감소했습니다. 이것이 트럼프의 임신중절금지법으로 인한 새로운 현실입니다.

at the stroke of midnight 자정 12시 종을 치면, 밤 12시 정각에

🎧 09

Trump says he wants to leave abortion up to the states. He says "up to the states."

All right. So, here's how that works out. Today, one in three women of reproductive age live in a state with a Trump abortion ban, many with no exception for rape or incest.

Now, on that topic, as many of you know, I started my career as a prosecutor specializing in crimes against women and children. What many of you may not know is why.

So, when I was in high school, I learned that my best friend was being molested by her stepfather. And I said to her, "Well, you've got to come and live with us." I called my mother, and my mother said, "Of course, she does." And so, she did.

So, the idea that someone who survives a crime of violence to their body, a violation of their body would not have the authority to make a decision about what happens to their body next, that's immoral. That's immoral.

And one does not have to abandon their faith or deeply held beliefs to agree the government should not be telling her what to do.

Check the Vocabulary

---

leave ~ up to ~ ~을 ~에게 맡기다 | **specialize in** ~을 전문으로 하다 | **molest** 성추행하다, 폭행하다 | **violence** 폭행, 강간 | **violation** 여성을 욕보임, 위반 | **immoral** 비도덕적인

122

트럼프는 낙태는 주들이 결정하게 하고 싶다고 말합니다. 그는 "주에 달려있다고" 말합니다.

자, 그래서 그게 이렇게 된다는 겁니다. 현재, 트럼프 낙태 금지 영향하에 있는 주에는 생식가능연령 여성 세 명 중 한 명꼴로 거주하는 데 많은 여성들에게 강간이나 근친상간에 대한 예외가 적용되지 않습니다.

이제 그 주제와 관련해서 말씀드리겠습니다. 여기 계신 많은 분들이 아시다시피, 저는 여성들과 아이들에 대한 범죄를 전문적으로 담당하는 검사로 제 검사 경력을 시작했습니다. 많은 분들이 모르실 수 있는 것은 그 이유입니다.

제가 고등학생이었을 때, 저는 저의 가장 친한 친구가 그녀의 계부에 의해 성추행당하고 있다는 걸 알게 되었습니다. 그래서 친구에게 "음, 너 우리집에 와서 우리와 함께 살아야 해." 라고 말했습니다. 제가 어머니에게 전화하니까 어머니는 "당연히 우리집에 와서 살아야지."하고 말씀하셨습니다. 그래서 내 친구는 그렇게 했습니다.

그러니까 여성에 대한 폭행범죄에서, 여성에 대한 성폭행에서 살아남은 누군가가 여성 자신의 몸을 어떻게 할 것인가에 대한 결정을 내릴 권한을 갖지 못하게 한다는 그런 생각은 부도덕한 행위입니다. 그건 비도덕적이에요.

그래서 누구든 자신의 믿음이나 확고한 신념을 포기하면서까지 정부가 여성들에게 이래라 저래라 지시해서는 안된다는 데 동의할 필요가 없습니다.

And let us understand — let us understand the impact of these bans, the horrific reality that women face every single day. Folks, since Roe was overturned, I have met women who were refused care during a miscarriage. I met a woman who was turned away from an emergency room, and it was only when she developed sepsis that she received care.

Now, I'm proud to be the first president or vice president in history to visit a reproductive health clinic. But around our country, since that decision came down, clinics have been forced to close. Think about it: Clinics that provide breast cancer screenings, contraceptive care, Paps, lifesaving care.

And I have seen firsthand, then, that this truly is a healthcare crisis. And Donald Trump is the architect.

And, by the way, that is not a fact he hides. In fact, he brags about it. He has said the collection of abortion bans in the state is, quote, "working the way it's supposed to." Just this week, in an interview, he said states have the right to monitor pregnant women to enforce these bans and states have the right to punish pregnant women for seeking out abortion care.

Check the Vocabulary

horrific 끔찍한 | **miscarriage** 유산 | **sepsis** 패혈증 | **contraceptive** 피임(용)의, 피임기구 | **PAPS(Physical Activity Promotion System)** 학생건강평가제도 | **firsthand** 직접

이 낙태금지가 미치는 영향, 여성들이 매일 직면하는 이 끔찍한 현실을 이해합시다. 여러분, 〈로우 대 웨이드〉 판례가 뒤집힌 후, 저는 유산 중에 돌봄을 거절당한 여성들을 만났습니다. 제가 만나본 한 여성은 응급실에서 거절되었는데 그녀는 그녀에게 패혈증이 발생하고 나서야 돌봄을 받을 수 있었습니다.

지금 저는 역사상 최초로 생식 진료소를 방문한 대통령이나 부통령이 된 것을 자랑스럽게 생각합니다. 하지만 그 낙태금지 결정이 내려진 후 전국적으로 진료소들이 문을 닫아야 했습니다. 생각해보세요. 유방암 검진, 피임 관리, 학생 건강체력평가, 구명 관리를 제공해주는 진료소들이 문을 닫아야했습니다.

저는 이건 정말 의료위기 사태라는 걸 그때 직접 봤고 도널드 트럼프가 이 낙태금지법의 설계자입니다.

그런데 말이죠. 그가 그걸 숨기고 있다는 건 사실이 아닙니다. 사실은 그는 그걸 자랑하고 있습니다. 그는 주에서 낙태금지는 "원래 그렇게 되어야 하는대로 작동되고 있습니다"라고 말했습니다. 이번주에 한 인터뷰에서 그는 주정부들은 임신부들이 이 금지법을 실행하는지 감시할 권리와 낙태 진료소를 찾는 임신부들을 처벌할 권리를 갖고 있다고 말했습니다.

SPEECH

10

Remarks Commemorating the 59th Anniversary of Bloody Sunday

"피의 일요일" 59주기 기념사

2024년 3월 3일. 셀마, 앨라배마 주

흑인 참정권법이 제정되는 결정적인 계기가 되었던 "피의 일요일" 59주기 기념사이다. 흑인 투표권 쟁취를 위해 당시 25세의 흑인 존 루이스를 비롯한 600여명이 벌인 평화 행진이 경찰에 의해 강제진압 되었는데 존 루이스가 경찰의 곤봉에 맞아 두개골 절상을 입는 장면이 TV를 통해 보도되면서 "Bloody Sunday"라고 불리게 되었다.

I will now address the occasion for our gathering today on this hallowed ground on the foot of the Edmund Pettus Bridge, where, 59 years ago, on a cold Sunday morning, 600 brave souls set out from Selma.

Hand in hand, shoulder to shoulder, they marched for the freedoms that were theirs by birth and theirs by right: the freedom to vote, the freedom to live without fear of violence or intimidation, the freedom to be full and equal members of our nation.

They marched peacefully. They knew violence against them was inevitable. They knew they would be surrounded by troopers with nightsticks. They knew they might be trampled by horses. Even so, they marched forward.

Check the Vocabulary

---

occasion 이유 | **hallowed** 신성한 | **soul** 사람, 영혼, 정신 | **by birth** 태어날 때부터 | **by right** 정당한 권리로, 당연히 | **intimidation** 위협 | **trooper** 기마 경찰 | **night stick** 야경 봉 | **trample** 짓밟다

이제 저는 Edmund Pettus 다리 밑 이 성지에 오늘 우리가 모인 이유에 대해 말씀드리겠습니다. 59년 전 어느 추운 일요일 아침 600명의 용감한 분들이 이곳 Selma에서 행진을 시작했습니다.

서로 손을 잡고, 서로 어깨를 맞대고 그들은 태어날 때부터 당연히 그들의 것인 자유를 위한 행진을 했습니다. 투표할 수 있는 자유, 폭력이나 위협에 대한 두려움 없이 살 자유, 완전하고 평등한 우리나라의 일원이 될 수 있는 자유 말입니다.

그들은 평화롭게 행진했습니다. 그들은 자신들에 대한 폭력이 반드시 있을 것이라는 것을 알았습니다. 그들은 야경 봉을 휴대한 기마경찰들에 의해 포위될 것이라는 것을 알았습니다. 그들은 말에 짓밟힐지도 모른다는 것을 알았습니다. 그렇지만 그들은 앞으로 나아갔습니다.

10

But they were forced to retreat. And yet, they would not be deterred, defeated, or denied. And they returned to this bridge while many were still bound in bandages because they knew what was on the other side: a promise of a future that was more equal, more just, and more free.

And yes, they crossed this bridge. And in so doing, they also built a bridge. They brought together white Americans, Black Americans, all sorts of Americans, and ministers and rabbis, and members of L- — SCLC and SNCC, and folks of all ages and backgrounds.

Check the Vocabulary

minister 성직자, 목사, 장관 | SCLC(Southern Christian Leadership Conference) 남부 그리스도교 지도자 회의. 마틴 루터 킹 주니어 목사가 속했던 흑인 민권 운동조직

그들은 물러서야 했습니다. 그럼에도 불구하고 그들은 단념하지 않으려고 패배 당하지 않으려고 저지되지 않으려고 했습니다. 많은 사람들이 여전히 속박되어 있는 상태였지만 그들은 이 다리로 다시 돌아왔습니다. 왜냐하면 그들은 반대편에 무엇이 있는지 알았기 때문입니다. 더 평등하고, 더 공정하고, 더 자유로운 미래의 희망이 있다는 것을 알았기 때문이죠.

그리고 네, 그들은 다리를 건넜습니다. 그 과정에서 그들은 또한 다리 하나를 건설했습니다. 그들은 백인 미국인, 흑인 미국인, 가지각색의 미국인들, 성직자, 유대인 율법학자, 남부 그리스도교 지도자 회의와 학생 비폭력 조정 위원회 회원들, 모든 연령대와 배경의 사람들을 하나로 모았던 겁니다.

SNCC(Student National[(원래) Nonviolent] Coordinating Committee 학생(전국)비폭력조정위원회

And less than six months later, the Voting Rights Act of 1964 [1965] was signed into law. The story of Selma — a story of our nation.

Freedom is fundamental to the promise of America. Freedom is not to be given. It is not to be bestowed. It is ours by right.

And the power behind the promise of freedom has always been in the faith of her people and our willingness to fight for freedom, be it on the fields of Gettysburg, in the schools of Little Rock, on the streets of Ferguson, and on this bridge right here in Selma.

And today, we know our fight for freedom is not over because, in this moment, we are witnessing a full-on attack on hard-fought, hard-won freedoms, starting with the freedom that unlocks all others: the freedom to vote. The sacred freedom to vote.

Today, in states across our nation, extremists pass laws to ban drop boxes, limit early voting, and restrict absentee ballots. In Georgia, extremists passed a law to even make it illegal to give people food and water for standing in line to exercise their civic duty and right to vote.

Check the Vocabulary

bestow 주다, 수여하다 | **willingness** 의지 | **limit** 제한하다 | **ballot** 투표 | **exercise** 행사하다, 휘두르다, 완수하다, 수행하다

채 여섯 달도 안 되어 1965년(번역가주 - 1965로 발음해야 하는 데 해리스가 실수로 1964로 발음했음) 투표 권법이 법으로 서명되었습니다. Selma의 이야기가 우리나라의 이야기가 되었습니다.

자유는 미국의 약속의 근본입니다. 자유는 주어지거나 수여되는 것이 아닙니다. 그건 정당한 권리입니다.

자유에 대한 약속의 뒤에 있는 힘은 Gettysburg 들판에서든, Little Rock 학교에서든, Ferguson 거리에서든, 바로 여기 Selma의 이 다리에서든 미국 국민들의 믿음과 자유 를 위해 싸우려는 의지에 있습니다.

오늘 우리는 자유를 위한 우리의 투쟁이 끝나지 않았다는 것을 압니다. 왜냐하면, 이 순간 우리는 다른 모든 것을 열어주는 자유부터 시작해서 치열하게 싸워 힘들게 쟁취 한 자유에 대한 전면 공격을 목격하고 있습니다. 투표할 자유, 투표할 수 있는 신성한 자유 말입니다.

오늘날, 우리나라 전역의 주에서 극단주의자들은 법을 통과시켜 우편물 투입함을 금 지하고, 사전 투표를 제한하고, 부재자 투표를 제한하고 있습니다. Georgia에서 극단 주의자들은 법을 통과시켜 심지어 시민의 의무를 이행하고 투표권을 행사하기 위해 줄을 선 사람들에게 식품과 물을 주는 것조차 불법화하고 있습니다.

In the face of these assaults on the freedom to vote and in honor of all those who crossed this bridge, President Biden and I will continue to demand that the United States Congress pass the Freedom to Vote Act and the John Lewis Voting Rights Advancement Act. The fight for freedom.

Today, in states across our nation, extremists propose and pass laws that attack the freedom of a woman to make decisions about her own body — laws that would make no exception even for rape and incest.

Here in Alabama, they attack the freedom to use IVF treatment. Women and couples denied the ability to fulfill their dream of having a child.

And consider the irony. On the one hand, these extremists tell women they do not have the freedom to end an unwanted pregnancy. And on the other hand, these extremists tell women they do not have the freedom to start a family.

Check the Vocabulary

assault 공격 | incest 근친상간 | IVF(In Vitro Fertilization) 체외 수정 | on the one hand 한편으로는

투표할 자유에 대한 이러한 공격에도 불구하고 이 다리를 건넌 모든 분들을 기리기 위해 바이든 대통령과 저는 미 의회가 투표 자유 법안과 John Lewis 선거발전법안을 가결시켜 줄 것을 계속 요구할 것입니다.

오늘날, 우리나라 전역의 주에서 극단주의자들은 여성이 자신의 신체에 대해 결정할 권리를 공격하는 법안을 발의하고 가결시킵니다. 강간과 근친상간조차 예외를 두지 않는 법들을요.

이곳 Alabama에서 그들은 체외수정할 수 있는 자유를 공격합니다. 여성들과 부부들은 아이 갖는 꿈을 이룰 능력을 박탈당했습니다.

이 아이러니를 생각해보세요. 한편으로 이 극단주의자들은 여성들에게 원치 않는 임신을 끝낼 자유를 갖고 있지 않다고 말합니다. 그런데 다른 한편에서 이 극단주의자들은 가정을 시작할 자유를 갖고 있지 않다고 말합니다.

Let us agree: One does not have to abandon their faith or deeply held beliefs to agree the government should not be telling her what to do with her body.

The fight for freedom — that every person in our nation has a right to be free from the horror of gun violence. And yet, today, these extremists stand by and refuse to pass reasonable gun safety laws to keep our children and places of worship safe.

Freedom — that every person in our nation has a right to be free to love who they love openly and with pride. And yet, just this past year, extremists have passed or proposed hundreds of laws targeting LGBTQ people.

Check the Vocabulary

abandon 포기하다, 버리다 | **stand by** 좌시하다, 가만히 있다 | **worship** 예배, 예배하다 | **LGBTQ[Lesbian**(여성 동성애자), **Gay**(남성 동성애자), **Bisexual**(양성애자), **Transgender**(성전환자),

우리는 정부가 여성에게 그녀의 신체를 어떻게 해야 할지 지시해서는 안된다는 데 동의하기 위해 우리의 신앙이나 확고한 신념을 포기할 필요가 없다고 동의합시다.

자유를 위한 투쟁은, 우리나라의 모든 사람들이 총기범죄의 공포로부터의 해방을 위한 투쟁입니다. 그럼에도 불구하고 오늘날 이 극단주의자들은 방관하다가 우리 아이들과 예배당을 안전하게 하기 위한 합리적인 총기 안전법을 가결시키기를 거부합니다.

자유 – 우리나라의 모든 사람들은 사랑하는 사람을 자유롭고 공개적으로 떳떳하게 사랑할 권리가 있습니다. 그런데, 바로 작년에 극단주의자들은 성소수자들을 겨냥한 수백 개 법을 가결시키거나 발의했습니다.

Check the Vocabulary

Queer(동성애자)]의 성적 정체성을 가지고 있는 사람들을 지칭하는 말

10

Freedom — that every person in our nation has the freedom to learn and acknowledge our country's true and full history. And yet, today, extremists pass book bans — book bans, in this year of our Lord 2024 — while they also try to erase, overlook, and rewrite the ugly parts of our past.

Fundamental freedoms under assault. The freedom to vote. The freedom from fear, violence, and harm. The freedom to learn. The freedom to control one's own body. And the freedom to just simply be.

자유 – 우리나라의 모든 사람들은 우리나라의 진실된 전체 역사를 배우고 받아들일 자유를 갖고 있습니다. 그럼에도 불구하고, 오늘날 극단주의자들은 책 금지법을, 서기 2024년도에 책 금지법을 가결시키면서 그들은 또한 우리 과거의 추한 부분을 지우고, 간과하고, 다시 쓰려고 합니다.

근본적인 자유가 공격받고 있습니다. 투표할 자유, 두려움, 폭력 그리고 해로움으로부터의 자유. 배울 자유. 자기 자신의 몸을 통제할 자유 그리고 또 그냥 자신이 되고 싶은 사람이 될 자유 말입니다.

SPEECH

11

Remarks on National Security
at the Munich Security Conference

국가 안보에 관한 연설

2024년 2월 16일. 뮌헨, 독일

중동에서는 이스라엘과 하마스가, 유럽에서는 러시아와 우크라이나가 전쟁 중이고 아시아에서는 중국이 대만을 위협하는 가운데 해리스 부통령이 뮌헨 안보회의에서 행한 연설이다. 연설의 핵심은 민주당과 반대되는 안보정책을 추진하려는 트럼프를 의식해서 동맹국들과의 지속적인 협력이 중요하고 굳건한 동맹관계는 미국의 국익과 미 국민의 안전을 위해 절대적으로 필요하다는 것이다.

This year, we gather amid an increased instability and conflict in the Middle East. We gather amid Russia's ongoing aggression in Ukraine, China's efforts to reshape the international order, transformative technological change, and, of course, the existential threat of the climate crisis.

In this context, I know that there are questions here in Europe and around the world about the future of America's role of global leadership.

Check the Vocabulary

amid 가운데 | **instability** 불안정성 | **aggression** 침략, 침공 | **transformative** 변화시키는 | **existential** 실존적인

올해는 우리가 중동에서 불안정성이 커지고 전쟁이 벌어지고 있는 가운데 모였습니다. 우리는 우크라이나에서 러시아의 침공이 진행되고 있고, 중국이 국제질서를 새로운 형태로 만들어 놓으려고 하고, 변형시키는 기술의 변화 그리고 당연히 기후 위기의 실존적 위협 속에서 모였습니다.

이런 상황에서 저는 미국의 글로벌 리더십 역할의 미래와 관련하여 이곳 유럽과 전 세계에서 질문들이 있다는 것을 알고 있습니다.

🎧 11

These are questions the American people must also ask ourselves: Whether it is in America's interest to continue to engage with the world or to turn inward. Whether it is in our interest to defend longstanding rules and norms that have provided for unprecedented peace and prosperity or to allow them to be trampled. Whether it is in America's interest to fight for democracy or to accept the rise of dictators. And whether it is in America's interest to continue to work in lockstep with our allies and partners or go it alone.

Today, I will explain how President Biden and I answer these questions, with full knowledge that how America responds will affect the American people, the people of Europe, and people around the world.

다음과 같은 질문들은 미 국민들 또한 스스로에게 물어봐야 할 질문들입니다. 세계와 계속해서 소통하는 것이 아니면 국내 문제에 집중하는 것이 미국에 이득인가? 전례 없이 평화와 번영을 가져온 오랜 규칙과 규범들을 수호하는 것이 아니면 이 규칙과 규범들이 짓밟히도록 허용하는 것이 우리에 이득인가? 민주주의를 위해 싸우는 것이 아니면 독재자들의 부상을 받아들이는 것이 미국에 이득인가? 우리의 우방들과 계속 해서 발 맞춰가면서 일하는 것이 아니면 우리 혼자 힘으로 하는 것이 미국에 이득인 가?

오늘 저는 미국의 대응 방법이 미국민, 유럽의 국민 및 전 세계 사람들에게 영향을 미 칠 것이라는 것을 충분히 인식하고 이 질문들에 대한 바이든 대통령과 저의 답변 방 법을 설명드리겠습니다.

11

I believe it is in the fundamental interest of the American people for the United States to fulfill our longstanding role of global leadership.

As President Biden and I have made clear over the past three years, we are committed to pursue global engagement, to uphold international rules and norms, to defend democratic values at home and abroad, and to work with our allies and partners in pursuit of shared goals. As I travel throughout my country and the world, it is clear to me: This approach makes America strong, and it keeps Americans safe.

However, there are some in the United States who disagree. They suggest it is in the best interest of the American people to isolate ourselves from the world, to flout common understandings among nations, to embrace dictators and adopt their repressive tactics, and abandon commitments to our allies in favor of unilateral action.

Let me be clear: That worldview is dangerous, destabilizing, and indeed short-sighted. That view would weaken America and would undermine global stability and undermine global prosperity.

President Biden and I, therefore, reject that view.

uphold 준수하다 | isolate 고립시키다 | flout 경멸하다, 비웃다 | repressive 억압적인, 탄압하는 |
unilateral 일방적인 | destabilize 불안정하게 만들다 | undermine 약화시키다

저는 미국이 우리가 오랫동안 지속해온 글로벌 리더십 역할을 수행하는 것이 미국 국민들에게 근본적인 이익이 된다고 생각합니다.

바이든 대통령과 제가 지난 3년 동안 분명히 했듯이, 우리는 세계와의 교류를 추구하고, 국제적 규칙과 규범을 준수하고, 국내외에서 민주주의 가치를 수호하고, 공유된 목표를 추구하여 우리의 동맹 및 협력국들과 함께 일하겠다는 확고한 의지를 갖고 있습니다. 우리나라와 전 세계를 다니다 보면 저에게는 이러한 접근 방식이 미국을 강하게 하고 미국인들을 안전하게 한다는 것이 분명합니다.

그러나, 미국에는 의견을 달리하는 사람들도 있습니다. 그들은 우리자신을 세계로부터 고립시키고, 국가간 공통된 이해를 무시하고, 독재자들을 포용해서 그들의 탄압 전술을 채택하고, 일방적인 행동을 지지하여 우리의 동맹국들에 대한 약속을 저버리는 것이 미 국민을 위한 최선이라는 의견을 제시합니다.

분명히 말씀드립니다. 그런 세계관은 위험하고, 불안정하게 하고 참으로 근시안적인 생각입니다. 그런 시각은 미국을 약화시키고, 국제적 안정성을 약화시키고 세계적 번영을 약화시킬 것입니다.

그렇기 때문에 바이든 대통령과 저는 그런 견해를 거부합니다.

And please do understand, our approach is not based on the virtues of charity. We pursue our approach because it is in our strategic interest.

I strongly believe America's role of global leadership is to the direct benefit of the American people. Our leadership keeps our homeland safe, supports American jobs, secures supply chains, and opens new markets for American goods.

And I firmly believe our commitment to build and sustain alliances has helped America become the most powerful and prosperous country in the world — alliances that have prevented wars, defended freedom, and maintained stability from Europe to the Indo-Pacific. To put all of that at risk would be foolish.

Check the Vocabulary

---

approach 접근방식 | **charity** 미덕 | **firmly** 확고히 | **sustain** 지속시키다 | **alliance** 동맹, 동맹국 | **prosperous** 번영한

그래서 우리의 접근 방식은 자선의 미덕을 기초로 한 것이 아니라는 것을 아셔야 합니다. 우리는 그것이 우리에게 전략적으로 이득이 되기 때문에 우리의 접근 방식을 추구합니다.

저는 미국의 글로벌 리더십 역할은 미국 국민들에게 직접적인 이득이 된다고 확신합니다. 우리의 리더십은 우리 조국을 안전하게 해주고, 미국인들의 일자리를 지원하고, 공급망을 확보해주고, 미국 상품을 위한 새로운 시장을 열어줍니다.

그리고 저는 동맹을 구축하고 지속시키려는 우리의 노력은 미국이 세계에서 가장 강력하고 번영된 나라가 되는 데 일조했다고 굳게 믿습니다. 전쟁을 예방했고, 자유를 수호했고, 유럽에서 인도-태평양까지 안정을 유지한 동맹을 말입니다. 이 모든 것을 위험에 빠뜨리는 것은 바보 같은 짓이 될 것입니다.

Check the Vocabulary

11

President Biden and I have demonstrated there is a smarter way.

When it comes to America's national security, our approach starts with our historic, direct investment in the working people of America, an investment which has helped build a resilient and innovative economy.

We are clear: We cannot be strong abroad if we are not strong at home.

Check the Vocabulary

---

demonstrate 입증하다, 보여주다 | **resilient** 복원력 있는, 회복력 있는 | **innovative** 혁신적인, 획기적인

바이든 대통령과 저는 보다 현명한 방법이 있다는 것을 보여줬습니다.

미국의 국가 안보에 관한 한, 우리의 접근 방식은 미국 노동자들에 대한 역사적이고 직접적인 투자, 복원력 있고 혁신적인 경제 건설에 일조한 투자에서 시작됩니다.

우리는 우리가 국내에서 강하지 않으면 해외에서 강할 수 없다고 확신합니다.

History offers a clue. If we stand by while an aggressor invades its neighbor with impunity, they will keep going. And in the case of Putin, that means all of Europe would be threatened.

If we fail to impose severe consequences on Russia, other authoritarians across the globe would be emboldened, because you see, they will be watching — they are watching and drawing lessons.

History has also shown us: If we only look inward, we cannot defeat threats from outside. Isolation is not insulation.

aggressor 공격자 | **impunity** 형벌을 받지 않음 | **consequence** 결과 | **authoritarian** 독재자, 독재적인 | **embolden** 대담하게 만들다, ~하도록 격려하다 | **insulation** 절연

역사가 단서를 제공합니다. 공격자가 처벌을 받지 않고 이웃을 침략하는 동안 우리가 가만히 방관한다면 그들은 계속 진행할 겁니다. 푸틴의 경우 그의 침략은 전 유럽이 위협받을 것이라는 것을 의미합니다.

우리가 러시아에게 심각한 대가를 부과하지 않으면, 전 세계 다른 독재자들은 대담해질 것입니다. 왜냐하면 아시다시피 그들은 (러시아의)침공을 지켜볼 것입니다. 그들은 지켜보고 교훈을 얻게 될 것입니다.

역사는 또한 우리에게 보여줬습니다. 우리가 국내에만 집중한다면 우리는 외부의 위협을 물리치지 못할 것이고 고립이 절연(보호되는 것)은 아니라는 것을 보여줬습니다.

🎧 11

In fact, when America has isolated herself, threats have only grown.

I need not remind the people of Europe of a dark history when the forces of tyranny and fascism were on the march, and then America joined our allies in defense of freedom and to safeguard our collective security.

So, I'll close with this. In these unsettled times, it is clear: America cannot retreat. America must stand strong for democracy. We must stand in defense of international rules and norms, and we must stand with our allies.

That is what represents the ideals of America, and the American people know that is what make us strong.

Check the Vocabulary

tyranny 독재 국가 | **safeguard** 보호하다 | **collective** 집단의 | **unsettled** 불확실한 | **represent** 대표하다

154

실제로, 미국이 스스로를 고립시켰을 때, 위협은 커졌을 뿐입니다.

제가 독재국가와 파시즘 군대가 행군하자 미국이 우리의 우방에 합류하여 자유를 지키고 우리의 집단 안전을 지켰던 어두운 역사를 유럽 국민들에게 상기시킬 필요는 없습니다.

그래서, 이 말씀을 드리면서 마치겠습니다. 이 불안정한 시대에 미국은 후퇴해서는 안됩니다. 미국은 민주주의를 위해 강해야 합니다. 우리는 국제 규칙과 규범을 지켜야 하고 우리의 우방들과 함께 해야 합니다.

그것이 미국의 이상을 대변하는 것이고 미국 국민들은 그것이 미국을 강하게 하는 것이라는 걸 압니다.

SPEECH

12

Remarks on the Conflict between Israel and Hamas

이스라엘 – 하마스 전쟁에 대한 연설

2023년 12월 2일. 두바이, 아랍에미리트

지난 해 10월 7일 하마스의 이스라엘에 대한 테러 공격 이후 거의 매일 톱 뉴스로 보도되는 이스라엘 vs 하마스 전쟁 관련해서 해리스가 평소 자신의 생각을 일목요연하게 정리한 연설이다.

Today, I had productive meetings with the leaders of the United Arab Emirates, Jordan, and Egypt. And I spoke to the Amir of Qatar to discuss developments in Gaza and to accelerate planning for the day after the fighting.

I will get to those conversations in a moment. But first, let's take a step back.

On October 7th, Hamas terrorists launched a terrorist attack that killed 1,200 innocent people in Israel, including 35 Americans. It was a brutal and horrific massacre. Babies and Holocaust survivors were killed. Young people who were simply attending a concert were shot dead. Two hundred and forty hostages were taken from their homes.

Check the Vocabulary

amir=emir (이슬람 국가의)왕, 통치자 | **accelerate** 가속화하다 | **innocent** 무고한 | **brutal** 잔인한 |
massacre 대량 학살, 학살하다 | **Holocaust** (나치에 의한) 유대인 대학살

저는 오늘 아랍에미리트 연합국, 요르단, 이집트 지도자들과 생산적인 회동을 가졌습니다. 가자 정세를 논의하고 종전 후 계획을 가속화시키기 위해 카타르 국왕과도 대화를 나눴습니다.

잠시 후 회동에서 나눈 대화에 대해 말씀드리겠습니다. 하지만 우선 한 걸음 물러서서 상황을 봅시다.

10월 7일, 하마스 테러범들의 테러 공격으로 미국인 35명을 포함하여 이스라엘에서 1200명의 무고한 사람들이 살해되었습니다. 잔인하고, 끔찍한 대량학살이었습니다. 아기들과 유대인 대학살 생존자들도 살해되었습니다. 그냥 콘서트에 참석했던 젊은 이들이 사살되었습니다. 240명의 인질들이 집에서 납치되었습니다.

Check the Vocabulary

And over, then, the past eight weeks, President Biden and I have been clear: Israel has a right to defend itself. And we will remain steadfast in that conviction.

We are working with Israel and our partners in the region to secure the release of all the hostages, which includes Americans.

The recent pause in the fighting proved effective. More than 100 hostages were reunited with their families during this time, including two more Americans, and humanitarian aid surged into Gaza.

As I told the families of American hostages when I met with them, we will not waver in our commitment to bring them home.

Check the Vocabulary

---

steadfast 확고부동한, 불변의 | **conviction** 신념 | **hostage** 인질 | **reunite** 재회하다 | **humanitarian** 인도주의적인 | **waver** 흔들리다, 동요하다

160

이후 지난 8주 동안, 바이든 대통령과 저는 이스라엘은 자위권을 가지고 있고 우리는 그러한 신념을 변함없이 지킬 것이라는 점을 분명히 해왔습니다.

우리는 미국인들을 포함한 모든 인질들의 석방을 확보하기 위해 이스라엘 및 이 지역 협력국들과 함께 일하고 있습니다.

최근 전투 중지는 효과적이었다는 것이 증명되었습니다. 미국인 두 명 추가 포함해서 이 기간 동안 인질 100명이상이 그들의 가족들과 재회했고 가자로 가는 인도주의적인 지원이 급증했습니다.

제가 미국인 인질 가족들과 만났을 때, 그분들에게 말한 대로 인질들을 가족 품으로 돌아오게 하겠다는 우리의 약속에는 변함이 없을 것입니다.

Check the Vocabulary

Let me be also very clear, as I've said before: We cannot conflate Hamas with the Palestinian people. Hamas is a brutal terrorist organization. Hamas has vowed to repeat October 7 until Israel is annihilated.

No nation could possibly live with such danger, which is why we support Israel's legitimate military objectives to eliminate the threat of Hamas.

President Biden and I have also been clear with the Israeli government in public and in private many times: As Israel defends itself, it matters how.

Check the Vocabulary

conflate 융합하다, 합체하다 | **annihilate** 전멸시키다, 말살하다 | **legitimate** 정당한 | **eliminate** 제거하다

이것 또한 명확히 해야겠는데요. 전에 말씀드린 대로 우리는 하마스를 팔레스타인 국민들과 합체할 수 없습니다. 하마스는 무자비한 테러 조직입니다. 하마스는 이스라엘이 말살될 때까지 10월 7일 테러 행위를 되풀이하겠다고 천명했습니다.

그런 위험을 용납할 수 있는 나라는 없습니다. 그래서 우리가 하마스의 위협을 제거하려는 이스라엘의 정당한 군사적 목표를 지지하는 겁니다.

바이든 대통령과 저는 또한 공개적으로 또는 비공개적으로 여러 차례 이스라엘 정부에게 분명히 했습니다. 이스라엘이 자위권을 행사할 때는, 어떻게 하느냐가 중요하다는 점을 명확히 했습니다.

🎧 12

The United States is unequivocal: International humanitarian law must be respected. Too many innocent Palestinians have been killed. Frankly, the scale of civilian suffering and the images and videos coming from Gaza are devastating.

I have spoken with members of the Palestinian, Arab, and Muslim communities of America, including those who have lost loved ones in Gaza and American citizens who were injured and evacuated from Gaza. It is truly heartbreaking.

As Israel pursues its military objectives in Gaza, we believe Israel must do more to protect innocent civilians.

Check the Vocabulary

unequivocal 명백한, 분명한 | **frankly** 솔직히 말해서 | **devastating** 충격적인, 파괴적인, 황폐시키는 | **evacuate** 대피하다

미국의 입장은 분명합니다. 국제인도법은 존중되어야 합니다. 너무 많은 무고한 팔레스타인인들이 사망했습니다. 솔직히 말해서, 민간인 고통의 규모와 가자지구에서 들어오는 영상과 비디오는 충격적입니다.

저는 가자에서 사랑하는 사람들을 잃은 분들과 가자에서 부상당하고 대피한 미국 시민들을 포함해서 미국의 팔레스타인, 아랍인, 이슬람교도 공동체 일원들과 대화를 나눴습니다. 참으로 가슴 아픈 일입니다.

가자에서 군사목표를 추구하는 이스라엘은 무고한 민간인들을 보호하기 위해 더 많은 일을 해야 한다고 생각합니다.

So, we all want this conflict to end as soon as possible. And to ensure Israel's security and ensure security for the Palestinian people, we must accelerate efforts to build an enduring peace. And that begins with planning for what happens the day after the fighting ends.

Shortly after October 7th, President Biden and I began discussions with our national security team about post-conflict Gaza. We have begun to engage partners in the region and around the world in these conversations, and this has been a key priority over the last eight weeks.

Five principles guide our approach for post-conflict Ga- — Gaza: no forcible displacement, no reoccupation, no siege or blockade, no reduction in territory, and no use of Gaza as a platform for terrorism.

We want to see a unified Gaza and West Bank under the Palestinian Authority, and Palestinian voices and aspirations must be at the center of this work.

At a certain point, the intense fighting and the phase of fighting will end and we will begin implementing our plans for the day after. To develop these plans then, we will continue to work with both Israelis and Palestinians.

Check the Vocabulary

accelerate 가속화하다 | enduring 항구적인 | shortly 곧 | post-conflict 전쟁(분쟁) 후 | siege 포위 공격 | platform 기반 | Palestinian Authority 팔레스타인 자치정부 | implement 시행하다

그래서 우리는 이 전쟁이 되도록 빨리 끝나기를 바랍니다. 그리고 이스라엘의 안전과 팔레스타인인들의 안전을 확실히 하기 위해 우리는 항구적 평화를 구축하기 위한 노력을 가속화해야 합니다. 이는 종전 이후 사태에 대한 계획에서 시작됩니다.

10월 7일 직후, 바이든 대통령과 저는 전쟁 후 가자에 대해 우리의 국가 안보 팀과 논의를 시작했습니다. 우리는 이 지역과 전세계 협력국들을 이 대화에 참여시키기 시작했는데 이것은 지난 8주 동안 주요 우선 과제였습니다.

다섯 개의 원칙이 전쟁 이후 가자에 대한 우리의 접근 방식을 이끕니다. 강제 이동, 재점령, 포위 공격이나 봉쇄, 영토 축소 및 가자를 테러 공격을 위한 기지로 이용하는 것들은 안된다는 원칙입니다.

우리는 통일된 가자와 서안이 팔레스타인 자치정부의 통치하에 있기를 바라고 있고 팔레스타인인들의 목소리와 야망은 이 과업의 중심에 있어야 합니다.

특정시점에서 치열한 전투와 전투 단계가 종식되면 우리는 전쟁 이후 계획을 실행하기 시작할겁니다. 그 때 이 계획을 발전시키기 위해 우리는 이스라엘인들, 팔레스타인들 양측과 계속해서 함께 일할 것입니다.

🎧 12

But there must also be regional consensus and support. To that end, I've had a number of in-depth conversations with Arab leaders here in Dubai. Specifically, I proposed three areas of focus:

One, reconstruction. The international community must dedicate significant resources to support short- and long-term recovery in Gaza — for example, rebuilding hospitals and housing, restoring electricity and clean water, and ensuring that bakeries can reopen and be restocked.

Second, security. The Palestinian Authority Security Forces must be strengthened to eventually assume security responsibilities in Gaza. Until then, there must be security arrangements that are acceptable to Israel, the people of Gaza, the Palestinian Authority, and the international partners. And to reiterate — and this is very important — terrorists will not be permitted to continue to threaten Israel.

Check the Vocabulary

consensus 합의 | **in-depth** 심도있는 | **dedicate** 할애하다, 헌신하다 | **restock** 다시 채우다 | **reiterate** 되풀이하여 말하다, 반복하다

하지만 또한 지역적 합의와 지지가 있어야 합니다. 그러한 목표를 달성하기 위해서 저는 이곳 두바이에서 아랍 지도자들과 수차례 심도 있는 대화를 나눴습니다. 구체적으로 말하면 집중해야 할 세 가지를 제안했습니다.

첫 째, 건설입니다. 국제사회는 가자에서 단기적, 장기적 회복을 지원하기 위해 상당한 재원을 할애해야 합니다. 예를 들면, 병원과 주택 재건, 전기와 정수 복구 및 빵집이 다시 문을 열고 빵이 다시 채워질 수 있도록 하는 겁니다.

둘 째, 안전입니다. 팔레스타인 자치정부 치안 부대가 강화되어 언젠가는 가자의 안전을 책임져야 합니다. 그 때 까지는 이스라엘, 가자 지구 시민들, 팔레스타인 자치정부와 국제 협력국들이 받아들일 수 있는 안전 협정이 맺어져야 합니다. 다시 말씀드리면, 이건 매우 중요한데요, 테러범들의 지속적인 이스라엘 위협이 허용되지 않도록 하는 것입니다.

12

Third, governance. The Palestinian Authority must be revitalized, driven by the will of the Palestinian people, which will allow them to benefit from the rule of law and a transparent, responsive government.

Eventually, this revitalized PA must have the capacity to govern Gaza, as well as the West Bank. We believe progress on these three areas — reconstruction, security, and governance — will improve the lives and livelihoods of the Palestinian people.

Check the Vocabulary

revitalize 되살리다, 재활성화시키다 | **transparent** 투명한 | **responsive** 반응하는 | **eventually** 결국 | **capacity** 능력

셋 째, 통치입니다. 팔레스타인 국민들의 의사에 따라 팔레스타인 자치정부를 되살려야 합니다. 그렇게 되면 팔레스타인 국민들은 법치와 투명하고 반응하는 정부에 의해서 혜택을 보게 될 것입니다.

결국, 이 되살려진 팔레스타인 자치정부가 서안뿐만 아니라 가자도 통치할 능력을 가져야 합니다. 우리는 이 세 가지 영역인 재건, 안전, 통치에서의 발전이 팔레스타인 국민들의 삶과 생계를 개선시킬 것이라고 믿습니다.

SPEECH

13

Remarks on the Future of Artificial Intelligence

AI의 미래에 대한 연설

2023년 11월 1일. 런던, 영국

노벨평화상을 수상했던 전 미국무장관 헨리 키신저 박사는 사망하기 전 미래에는 핵폭탄보다 더 무서운 게 AI라고 말한 적이 있다. 이 세계적인 정치학자가 우려한대로 AI는 인류에게 착한 일, 좋은 일을 많이 할 수 있지만 그만큼 인류에게 해를 끼칠 위험성도 지니고 있어 이날 연설에서 해리스는 인류에게 혜택만을 가져다주는 AI가 되도록 하고 잠재적 AI 위험을 예방하기 위해서 국제적 공조와 행동이 필요함을 강조했다.

It's good to see everyone.

Ambassador Hartley, thank you for the warm welcome that you gave us last night and today, and for inviting us to be here with you. And thank you for your extraordinary leadership, on behalf of the President and me and our country.

And it is, of course, my honor to be with everyone here at the United States Embassy in London, as well as to be with former Prime Minister Theresa May and all of the leaders from the private sector, civil society, academia, and our many international partners.

여러분, 다시 만나게 되어 기쁩니다.

Hartley 대사님, 어제 밤과 오늘 우리를 따뜻하게 환영해주시고 대사님과 이 자리에 함께 할 수 있도록 초대해주신 데 대해서 감사드립니다. 그리고 대통령과, 저, 우리 나라를 대표해 대사님이 보여주신 뛰어난 리더십에 감사드립니다.

또, 런던 미 대사관에 근무하시는 모든 분들뿐만 아니라 Theresa May 전 총리, 민간 부문, 시민 사회, 학계의 모든 지도자들, 우리의 많은 국제적 동반자들과 이 자리에 함께 하게 된 것은 당연히 영광입니다.

🎧 13

So, tomorrow, I will participate in Prime Minister Rishi Sunak's Global Summit on AI Safety to continue to advance global collaboration on the safe and responsible use of AI.

Today, I will speak more broadly about the vision and the principles that guide America's work on AI.

President Biden and I believe that all leaders from government, civil society, and the private sector have a moral, ethical, and societal duty to make sure that AI is adopted and advanced in a way that protects the public from potential harm and that ensures that everyone is able to enjoy its benefits.

Check the Vocabulary

summit 정상회의, 정상회담 | **sector** 부문 | **adopt** 도입하다, 채택하다 | **advance** 전진시키다, 개선하다, 추진하다

그래서 내일 저는 안전하고 책임 있는 AI 사용에 대한 세계적 협력을 계속 증진시키기 위해 Rishi Sunak 총리가 주최하는 AI 안전에 관한 글로벌 정상회의에 참석할 것입니다.

오늘 저는 AI 관련한 미국의 노력을 이끄는 비전과 원칙에 대해 보다 광범위하게 말씀드리겠습니다.

바이든 대통령과 저는 정부, 시민 사회, 민간 부문의 모든 지도자들에게는 AI가 잠재적 해로부터 대중을 보호하는 방식으로 도입되고 발전되게 하고 모든 사람이 AI의 혜택을 즐길 수 있게 해야 할 도덕적, 윤리적, 사회적 의무가 있다고 생각입니다.

🎧 13

AI has the potential to do profound good to develop powerful new medicines to treat and even cure the diseases that have for generations plagued humanity, to dramatically improve agricultural production to help address global food insecurity, and to save countless lives in the fight against the climate crisis.

But just as AI has the potential to do profound good, it also has the potential to cause profound harm. From AI-enabled cyberattacks at a scale beyond anything we have seen before to AI-formulated bio-weapons that could endanger the lives of millions, these threats are often referred to as the "existential threats of AI" because, of course, they could endanger the very existence of humanity.

These threats, without question, are profound, and they demand global action.

But let us be clear. There are additional threats that also demand our action — threats that are currently causing harm and which, to many people, also feel existential.

AI는 엄청나게 좋은 일을 많이 할 수 있는 잠재력을 갖고 있습니다. 강력한 새로운 치료약을 개발하고 심지어 수 세대 동안 인류를 괴롭혀 온 질병들을 치료할 수 도 있고, 농업 생산을 크게 개선하여 세계적 식량 불안정을 해결하는 데 일조할 수 있고, 기후 위기와의 싸움에서 수많은 인명을 구할 가능성이 있습니다.

그러나, AI는 엄청나게 좋은 일을 많이 할 수 있는 것처럼 AI는 또한 엄청난 해를 끼칠 수도 있습니다. 지금까지 우리가 봤던 그 어떤 것도 능가하는 규모로 AI 기반 사이버 공격에서부터 수백만 명의 목숨을 위태롭게 할 수 있는 AI가 만든 생물 무기들에 이르기까지 이 위협들은 흔히 "AI의 실제적인 위협"이라고 불립니다. 왜냐하면 당연히 이런 위협들은 인류의 존재 자체를 위태롭게 할 수 있기 때문입니다.

이런 위협들은 당연히 심각해서 글로벌 행동을 촉구합니다.

하지만 분명히 합시다. 우리의 행동을 촉구하는 추가 위협들도 있습니다. 이 위협들은 현재 해를 끼치고 있고 많은 사람들은 또한 이 위협이 실제적이라고 느낍니다.

humanity 인류

🎧 13

Consider, for example: When a senior is kicked off his healthcare plan because of a faulty AI algorithm, is that not existential for him?

When a woman is threatened by an abusive partner with explicit, deep-fake photographs, is that not existential for her?

When a young father is wrongfully imprisoned because of biased AI facial recognition, is that not existential for his family?

And when people around the world cannot discern fact from fiction because of a flood of AI-enabled mis- and disinformation, I ask, is that not existential for democracy?

Accordingly, to define AI safety, I offer that we must consider and address the full spectrum of AI risk — threats to humanity as a whole, as well as threats to individuals, communities, to our institutions, and to our most vulnerable populations.

We must manage all these dangers to make sure that AI is truly safe.

Check the Vocabulary

faulty 결함이 있는 | **abusive** 학대하는, 폭력적인 | **explicit** 명백한, 노골적인 | **imprison** 투옥하다, 구금하다, 구속하다 | **biased** 편향된 | **discern** 식별하다, 분간하다 | **fiction** 소설, 허구 |

예를 들어, 이런 것들을 생각해보세요. 결함이 있는 AI 알고리즘 때문에 한 고령자가 의료계획에서 퇴출된다면 그게 그 사람에게 실제적인 위협이지 않습니까?

인공지능이 합성한 명백한 사진들로 폭력적인 파트너가 한 여성을 위협한다면 그게 그 여성에게 실제적인 위협이지 않습니까?

편향된 AI 얼굴 인식 때문에 한 젊은 아버지가 부당하게 구속된다면 그게 그의 가족에게 실제적인 위협이지 않을까요?

AI가 가능하게 한 마구 쏟아지는 오보와 허위 정보 때문에 전 세계 사람들이 사실과 허구를 식별할 수 없다면, 묻겠습니다, 그게 민주주의에 실제적인 위협이 아닐까요?

따라서, AI 안전을 정의하기 위해서는 우리는 모든 범위의 AI 위험 – 전 인류에 대한 위협뿐만 아니라 개인, 공동체, 우리의 기관들 및 우리의 가장 취약한 사람들에 대한 위협을 고려하고 다뤄야 한다고 제안합니다. 우리는 AI가 정말로 안전하도록 하기 위해서 이 모든 위험을 관리해야 합니다.

Check the Vocabulary

misinformation 오보 | **disinformation** 허위 정보 | **institution** 기관 | **vulnerable** 취약한, 영향받기 쉬운

So, many of you here know, my mother was a scientist. And she worked at one of our nation's many publicly funded research universities, which have long served as laboratories of invention, creativity, and progress.

My mother had two goals in her life: to raise her two daughters and end breast cancer. At a ver- — very early age then, I learned from her about the power of innovation to save lives, to uplift communities, and move humanity forward.

I believe history will show that this was the moment when we had the opportunity to lay the groundwork for the future of AI. And the urgency of this moment must then compel us to create a collective vision of what this future must be.

A future where AI is used to advance human rights and human dignity, where privacy is protected and people have equal access to opportunity, where we make our democracies stronger and our world safer. A future where AI is used to advance the public interest.

And that is the future President Joe Biden and I are building.

Check the Vocabulary

raise 키우다 | **breast cancer** 유방암 | **uplift** 고양시키다 | **lay the groundwork for** ~의 토대를 마련하다 | **urgency** 긴급, 절박 | **compel** 하지 않을 수 없게 하다 | **collective** 공동의, 집단적인

여기 계신 많은 분들이 아시다시피, 저의 어머니는 과학자이셨습니다. 어머니는 발명, 창의성, 진보의 연구소로서 오랫동안 기능을 해온 우리 정부 지원의 여러 연구 대학들 중 한 곳에서 일하셨습니다.

어머니에게는 인생에서 두 개의 목표가 있었습니다. 하나는 두 딸을 키우는 것이고 다른 하나는 유방암을 끝내는 것이었습니다. 저는 매우 어린 나이에 어머니로부터 생명을 구하고 지역사회 주민들을 고양시키고, 인류를 발전시키는 혁신의 힘에 대해 배웠습니다.

저는 역사는 지금이 우리가 AI 미래의 토대를 마련할 기회를 가졌던 순간이었다는 것을 보여줄 것이라고 생각합니다. 그리고 지금 이 순간의 긴박성이 우리로 하여금 이 미래가 앞으로 어떻게 되어야 하는 지에 대한 공통된 비전을 제시하지 않을 수 없게 해야 합니다.

AI가 인권과 인간의 존엄성을 향상시키는 데 이용되는 미래, 사생활이 보호되고 사람들이 동등하게 기회를 접할 수 있는 미래, 우리가 우리의 민주주의 국가를 더 강하게 만들고 우리의 세계를 더 안전하게 만드는 미래, AI가 대중의 이익을 증진시키는 데 이용되는 미래를 말입니다.

그것이 조 바이든 대통령과 제가 건설하고 있는 미래입니다.

SPEECH

14

Commencement Address to the United States Military Army at West Point

미 육군사관학교 졸업식 축사

2023년 5월 27일. 웨스트 포인트, 뉴욕 주

이 연설로 카멀라 해리스는 미 육군사관학교 졸업축사를 한 최초의 여성이 되었다. 세계 최강 군대인 미국의 육군사관학교를 졸업하는 생도들을 축하하면서 러시아가 우크라이나를 침공하고 인도 태평양 지역에서 중국의 위협이 커지는 이 시기에 소대장으로 임관하게 되면 소대원들은 물론이고 국민들도 졸업하는 생도들에 대한 기대가 큰 만큼 국가의 기둥인 군 장교로서의 소임을 다해주기를 당부하는 축사였다.

14

Cadets, since R-Day, your first day on campus, the world has drastically changed. A once-in-a-century global pandemic took millions of lives and disrupted life for billions more. America ended our longest war. And Russia launched the first major ground war in Europe since World War Two.

Looking forward to the future, it is clear you graduate into an increasingly unsettled world where longstanding principles are at risk.

In Ukraine, Russia's aggression is an attack on the lives and freedom of the Ukrainian people and an attack on international rules and norms that have served as the foundation of international security and prosperity for generations.

In the Indo-Pacific, China is rapidly modernizing its military and threatening both the freedom of the seas and rules of international commerce.

사관생도 여러분, 캠퍼스 개강일인 R-Day(환영회 날)이후 세계는 급격하게 변했습니다. 백 년에 한 번 발생할까 말까 한 팬데믹은 수백만 명의 목숨을 앗아갔고 수십억이 넘는 사람들의 생활에 지장을 주었습니다. 미국은 우리의 가장 긴 전쟁을 끝냈습니다. 그리고 러시아는 2차 세계대전이후 유럽에서 처음으로 대규모 지상전을 일으켰습니다.

미래를 내다보면, 여러분은 오래된 원칙들이 위험에 처해있는 점점 더 불확실한 세상으로 나가고 있음이 분명합니다.

러시아의 우크라이나 침공은 우크라이나 국민들의 삶과 자유에 대한 공격이고, 국제 규칙과 규범에 대한 공격입니다. 이 규칙과 규범들은 수세대 동안 세계 안보와 번영의 기반으로서 역할을 해왔습니다.

인도 태평양 지역에서 중국은 자국 군대를 빠른 속도로 현대화하면서 공해의 자유 항행권과 국제통상 규칙을 위협하고 있습니다.

At the same time, autocrats have become bolder, the threat of terrorism persists, and an accelerating climate crisis continues to disrupt lives and livelihoods.

All a threat to global stability and security.

And here's how I see it: In the face of all these challenges, America plays a singular role of leadership.

Cadets, global security and global prosperity depend on the leadership of the United States of America. And a strong America remains indispensable to the world. Our democratic ideals of freedom and liberty inspire billions. Our vibrant economy creates unmatched innovation and opportunity and drives global growth.

Check the Vocabulary

autocrat 전제 군주 | **livelihoods** 생계 | **singular** 뛰어난 | **indispensable** 없어서는 안 되는, 필수적인 | **inspire** 영감을 주다 | **vibrant** 활기찬

동시에, 독재자들은 더욱 대담해졌고, 테러 위협은 계속되고 있으며 가속화되고 있는 기후위기는 계속해서 생활과 생계에 지장을 주고 있습니다.

이 모든 것들이 전세계의 안정과 안보에 위협이 되고 있습니다.

제 생각은 이렇습니다. 이 모든 도전에도 불구하고 미국은 뛰어난 리더십 역할을 하고 있습니다.

사관생도 여러분, 전 세계 안보와 번영은 미국의 리더십에 달려 있고 강력한 미국은 여전히 세계에 없어서는 안되는 나라입니다. 자유와 해방이라는 우리의 민주주의 이상은 수십억명에게 영감을 줍니다. 우리의 활기찬 경제는 비길 데 없는 혁신과 기회를 창출하고 글로벌 성장을 추진합니다.

🎧 14

Our unrivaled network of allies and partners allows us to build coalitions and catalyze global action in a way no other nation can.

And our military is the strongest in the world. Our military is a force that underwrites global stability and our national security.

And it is this pillar of our strength where you, Cadets, have dedicated yourself to lead.

Essential to our strength is the role, then, that you will play in defending our nation's highest ideals. Because today, of course, is not only a graduation. It is a commissioning.

우리의 무적의 동맹국 및 파트너 네트워크는 우리가 연합을 구축해서 다른 어느 국가도 할 수 없는 방식으로 국제적 행동을 촉진시키게 해줍니다.

우리 군은 세계 최강입니다. 우리 군은 국제적 안정과 국가 안보를 지지합니다.

그리고 우리 군은 우리나라를 강하게 해주는 대들보이고 이 대들보에서 사관생도 여러분은 리더십을 키우기 위해 헌신적으로 노력해왔습니다.

우리나라의 최고의 이상을 수호하는 데 있어서 여러분의 역할은 우리의 국력에 필수적입니다. 왜냐하면 오늘은 당연히 단지 졸업식이 아니라 임관식이기 때문입니다.

🎧 14

In just a few moments, you will take an oath — not to a person, not to a political party, but to the Constitution.

You will take an oath to "support and defend the Constitution of the United States of America"and, by extension, to support and defend our most sacred ideals: freedom, democracy, and rule of law.

All across the world, the soldiers of the United States Army defend these ideals. And as Vice President, I have seen it firsthand.

oath 선서 | **by extension** 더 나아가 | **sacred** 신성한, 성스러운 | **firsthand** 직접

잠시 후 여러분은 사람이나 정당에 선서하는 것이 아니라 헌법에 선서할 것입니다.

여러분은 미국의 헌법을 지지하고 수호하겠다는 선서를 하게 될 것이고 더 나아가 우리의 가장 성스러운 이상인 자유, 민주주의, 법치주의를 지지하고 수호하겠다는 선서를 할 것입니다.

전 세계에서 미 육군은 이 이상을 수호하고 있습니다. 부통령으로서 저는 그걸 직접 목격했습니다.

And as I think about the future of our military, I am particularly optimistic because of you. Because I know you will make sure that as the character of warfare changes, no nation will match the power of America's military — on traditional battlefields or in future domains.

And let us also be clear: The power of America's military not only rests on our technology, our weaponry, our hardware. It rests on the character and the resolve of our people.

America has no greater resource, no greater strategic asset than the men and women who wear our uniform. Our soldiers are the best trained and most prepared in the world; the most effective, most cohesive, and most lethal warriors in the world.

optimistic 낙관적인 | **warfare** 전투 | **weaponry** 무기 | **rest on** ～에 달려 있다 | **cohesive** 결속력 있는 | **warrior** 전사

제가 우리 군의 미래를 생각할 때, 저는 특별히 여러분 때문에 낙관적입니다. 왜냐하면 여러분은 전투의 성격이 변화면서 어느 나라도 전통적인 전쟁터나 미래의 영역에서 미군의 힘에 필적하지 못하게 할 것이라는 것을 저는 알고 있기 때문입니다.

그리고 이것 또한 분명히 합시다. 미군의 힘은 우리의 기술, 무기, 군사용 기기에 달려 있을 뿐만 아니라 우리의 기질과 결의에 달려 있습니다.

미국에는 제복을 입고 있는 남녀 장병들보다 더 강력한 재원이나 전략적 자산은 없습니다. 우리 군은 전 선계에서 가장 잘 훈련이 되어 있고, 가장 잘 준비되어 있습니다. 세계에서 가장 효과적이고, 가장 결속력 있고, 가장 치명적인 전사들입니다.

And as officers, you are about to be granted one of the greatest privileges and most sacred duties that our nation can bestow: to lead American service members.

Cadets, in the not-too-distant future, after you are commissioned and after you complete your Basic Officer Leadership Course, many of you will meet your platoon for the first time. So here's what's going to happen: Those soldiers will look in your eyes. They will look into your eyes for resolve, for support, for guidance, and for leadership.

And in that moment, I imagine you will feel some excitement and also, perhaps, some uncertainty.

privilege 특권 | **bestow** 주다, 수여하다 | **platoon** 소대 | **resolve** 결의, 결심 | **uncertainty** 불안, 불확실성

장교로서 여러분은 가장 큰 특권 중 하나를, 그리고 국가에서 주는 가장 신성한 의무를 곧 부여받게 됩니다. 미군 병사들을 지휘하는 것 말입니다.

생도 여러분, 별로 멀지 않은 미래에 임관된 후, 여러분의 기초 장교 리더십 과정을 이수하고 나면 여러분들 중 상당수는 처음으로 소대원들을 만나게 될 것입니다. 그렇게 되면 병사들은 여러분의 눈을 볼 것입니다. 그들은 결의를 위해, 지지를 얻기 위해, 조언을 받기 위해, 지휘를 받기 위해 여러분의 눈을 들여다 볼 것입니다.

그 순간에 저는 여러분은 흥분하기도 하고 어쩌면 불안감도 느낄 것으로 상상합니다.

Check the Vocabulary

But know this: You are ready. You have graduated from the preeminent leader development institution in the world. And you have everything you need — the skills, the knowledge, and the character — to serve our nation.

And so, know we believe in you and we need you.

For more than two centuries, America has relied on the conscience, the capability, and the courage of West Point officers.

Today, our nation turns to each of you for the strength that you have built here at West Point. The physical strength, the mental strength, the emotional strength, and the strength of character.

Check the Vocabulary

preeminent 걸출한, 뛰어난 | **conscience** 양심 | **turn to** ~에 의지하다

하지만 이것을 아셔야 합니다. 여러분은 준비되어 있고, 여러분은 이 세상에서 훌륭한 지도자 개발 기관인 미 육사를 졸업했으며 여러분에게는 국가에 봉사하기 위해서 갖춰야 할 필수자질인 능력, 지식, 품성이 있다는 것을요.

그래서 이것도 아셔야 합니다. 우리는 여러분을 믿고 있고, 여러분을 필요로 하고 있다는 것을요.

200년이상 미국은 미 육사출신 장교들의 양심, 능력, 용기에 의존해왔습니다.

오늘날, 우리 나라는 여러분들 각자가 여기 미 육사에서 쌓은 능력에 의지하고 있습니다. 체력, 정신력, 감정적인 힘과 강인한 기질 말이죠.

🎧 14

And in years to come, I promised you, you will be tried and you will be tested. And I am so very confident that you will rise to each occasion, whatever comes your way.

You are ready, and you are ready because you are true leaders of character.

And so, now, Class of 2023, as your Vice President, it is my profound honor to congratulate you on this tremendous accomplishment and to address you for the first time as graduates of the United States Military Academy.

Check the Vocabulary

rise to the occasion 난국에 대처하다, 상황에 잘 대처하다 | **profound** 엄청난 | **tremendous** 굉장한 | **accomplishment** 성취

저는 여러분에게 앞으로 수년간 여러분은 시험되고, 평가될 것이라고 말씀드렸습니다. 그래서 저는 여러분은 여러분에게 어떤 일이 일어나든지 각각의 상황에 잘 대처할 것이라고 확신합니다.

여러분은 준비되어 있습니다. 여러분은 품성을 갖춘 진정한 지도자이기 때문에 준비가 되어 있습니다.

2023년 졸업생 여러분, 여러분의 부통령으로서 이 대단한 성취를 축하하고 미 육사 졸업생들에게 사상 최초로 졸업축사를 하게 된 것은 저에겐 엄청난 영광입니다.

SPEECH

15

Remarks at the 113th NAACP National Convention

전미 유색인 지위 향상 협회 113차 총회 연설

2022년 7월 18일. 애틀란틱 시티, 뉴저지 주

미국에서 가장 영향력 있는 흑인 인권 단체인 NAACP(National Association for the Advancement of Colored People)에서 이 단체의 종신회원이기도 한 해리스가 행한 연설이다. 1954년 브라운 대 토피카 교육 위원회 사건에서 공립학교에서의 인종차별을 금지하는 판결을 이끌어 낸 전설적인 인권변호사이자 미국 역사상 첫 아프리카계 미국인 대법관으로 임명되었던 Thursgood Marshall도 NAACP 출신이다.

President Johnson, thank you for your years of dedicated partnership and leadership — yes — on the issue of voting rights and so many more issues that challenge our nation and its people.

I have worked with President Johnson over the years, where we have been in small rooms, where we have been in the Oval Office, where we have been in large rooms such as this. He is the same person wherever he is. And he is a person who is always fighting for the people and the best of who we can be as a nation. And I admire and respect the hard work and determination that you put into this most important position as the president of our NAACP. Thank you.

Johnson 회장님, 회장님께서 수년간 보여주신 헌신적인 협력과 리더십에 대해 감사드립니다. 네, 투표권 문제와 우리나라와 국민이 맞서 해결해야 하는 더 많은 문제들을 해결하기 위해 노력해주신 데 대해서 말입니다.

저는 수년간 작은 방에서 또는 대통령 집무실에서, 또는 이와 같은 큰 방에서 Johnson 회장님과 일해 왔습니다. 이분은 어디에 계시든 항상 같은 사람입니다. 이분은 언제나 국민들과 국민의 한 사람으로서 미래의 최상의 우리를 위해 싸우고 계십니다. 또 저는 회장님이 이 가장 중요한 자리인 NAACP 회장직에 쏟은 노력과 결의를 존경하고 존중합니다. 감사합니다.

So, to the Board of Directors, chapter presidents, ACT-SO and Next Gen leaders, and the entire NAACP membership; to Secretary Marcia Fudge, who was with us today to my pastor, Reverend Dr. Amos C. Brown; to all of you: Greetings. Greetings.

I just want to, if you don't mind for a moment, take a moment of personal privilege to talk about Dr. Brown. He has been on this journey with me every step of the way, from when I first thought about running for public office almost two decades ago. And he has been such a voice of leadership, more leadership, and leadership in our nation. And so I want to thank you, Dr. Brown, for all that you are — all that you are.

Check the Vocabulary

chapter 지부 | **ACT-SO(Afro-Academic, Cultural, Technological and Scientific Olympics)** 비공식적으로 "마음의 올림픽"이라고 불리는 아프리카 학술, 문화, 기술 및 과학 올림픽은 아프리카계 미국인 고등학생들

이사회 경영진 여러분, 지부 회장님, ACT-SO와 차세대 지도자들, NAACP 전 회원들, 오늘 우리와 함께 하신 Marcia Fudge 장관님, 저의 목사님이신 Amos C. Brown 박사님 여러분 모두 안녕하세요. 안녕하세요.

여러분이 괜찮으시다면 잠시 시간을 내서 Brown 박사님에 대해 얘기할 수 있는 영광을 누리고 싶습니다. 제가 거의 20년 전 처음으로 공직 출마를 생각했었을 때부터 이분은 이 여정을 매순간 저와 함께 해오셨습니다. 그리고 이분은 리더십, 더 큰 리더십, 우리나라 리더십의 대단한 대변자이셨습니다. 그래서 저는 Brown 박사님의 모든 것에 대해 감사드리고 싶습니다.

Check the Vocabulary

의 높은 학업 및 문화적 성취를 모집, 자극, 향상 및 격려하기 위해 고안된 NAACP의 청소년 프로그램. | **Gen.** Generation(세대)의 준말 | **pastor** 목사 | **reverend** 목사, 성직자, 성직작의 앞에 붙이는 존칭 | **run for** 출마하다

🎧 15

So, as many of you know, I am a proud lifetime member of this organization. And I have had the distinct pleasure of addressing this conference many times over the years. And I am honored today to address you for the first time as Vice President of the United States.

And I stand today on the shoulders of the legendary lawyers of this organization — Thurgood Marshall, Charles Hamilton Houston, Constance Baker Motley — who were, of course, among the greatest heroes of the Civil Rights Movement.

Just last March, I stood in the Rose Garden, at the White House, with Ms. Michelle Duster, the great-granddaughter of a founder of the NAACP and one of our nation's greatest journalists, Ida B. Wells.

그래서 여러분들 중 많은 분들이 아시다시피 저는 이 단체의 종신회원임을 자랑스럽게 생각합니다. 그리고 저는 수년 간 여러 차례 이 총회에서 특별한 기쁨을 누리면서 연설했습니다. 또한 오늘은 미국 부통령으로서 처음으로 여러분들에게 연설할 기회를 갖게 되어 영광입니다.

저는 오늘 이 단체가 배출한 전설적인 법조인들, Thurgood Marshall, Charles Hamilton Houston, Constance Baker Motley의 어깨 위에 서 있습니다. 가장 위대한 민권 운동 영웅들 명단에 이분들은 당연히 들어가시죠.

바로 지난 3월, 저는 NAACP 창립자의 증손녀이신 Michelle Duster씨와 우리나라에서 가장 위대한 언론인 중 한 분인 Ida B. Wells와 함께 백악관 로즈 가든에 섰습니다.

Check the Vocabulary

And we were there to address some very unfinished business — business of this organization — which was to watch President Joe Biden sign the Emmett Till Antilynching Act. I was proud to introduce that act when I served in the United States Senate, along with Senator Cory Booker — New Jersey's own and Congressman Bobby Rush, who I think is here but has been a great leader over the years.

This legislation was a result of years of determined action by civil rights organizations, including the NAACP. Even though it took a staggering 122 years to finally make lynching a federal crime but, it must be said, even though it took that long, the NAACP was never deterred and always determined.

This organization and the people who make up this organization — will we see a nation in which the promise of opportunity, of justice, of freedom can be made real for all people?

우리는 이 단체의 몹시 미해결된 일을 마무리하기 위해서 그곳에 갔습니다. 그 일이란 조 바이든 대통령이 Emmett Till 반사형법안에 서명하는 것을 지켜보는 것이었습니다. 저는 제가 미 상원의원 재직시 뉴저지 주 상원의원 Cory Booker, 하원의원 Bobby Rush와 함께 그 법안을 제출하게 된 것에 대해 자부심을 느꼈었습니다. 오늘 이 자리에 오신 것으로 생각되는 Bobby Rush 하원의원은 수년 간 훌륭한 지도자이셨습니다.

이 법안은 NAACP를 포함한 민권 운동 조직이 수년 간 보여준 결연한 행동의 결과물이었습니다. 드디어 사형이 연방범죄가 되게 하는 데 무려 122년이나 걸리긴 했지만 이 말씀은 드려야겠습니다. 법안 통과에 그토록 오랜 시간이 걸리긴 했지만 NAACP는 절대로 단념하지 않았고 늘 결연한 태도를 가졌습니다.

이 단체와 이 단체 구성원 여러분, 우리가 모든 사람들을 위한 기회, 정의, 자유의 약속이 실현될 수 있는 나라를 볼 수 있을까요?

And I bring you greetings from our President, Joe Biden, who wants to make clear that he and I, of course, share in the vision of the NAACP.

You see, we see and are prepared to address the disparities that are holding so many people back in our nation — disparities that we see in education, in economic opportunity, in housing, healthcare, and more.

To address those disparities and to advance the fight for civil rights, President Biden and I have put equity at the center of all that we do. And that begins with our children.

조 바이든 대통령께서 안부 인사를 전해달라고 하셨는데 바이든 대통령과 제가 당연히 NAACP의 비전을 공유한다는 점을 분명히 하고 싶어 하십니다.

아시겠지만, 우리는 격차를 알고 있고 우리나라에서 너무 많은 사람들을 막고 있는 불평등 문제를 해결할 준비가 되어 있습니다. 우리는 교육, 경제적 기회, 주택, 의료 등에서 불평등하다는 것을 알고 있습니다.

이러한 불평등에 대처하고 시민권을 위한 싸움을 진척시키기 위해 바이든 대통령과 저는 공평을 우리가 하는 모든 일의 중심에 놓았습니다. 그런데 이 일은 어린이들에서부터 시작됩니다.

🎧 15

The great Thurgood Marshall once said that every child has a right — I will now quote — "to an equal start in life and an equal opportunity to reach their potential." I believe, to move our nation forward, we must fight to make sure all of the children of our community have that equal opportunity of which he spoke.

And that is why together, all of us here, fought to extend the Child Tax Credit, which lifted nearly 40 percent of Black children out of poverty last year alone.

It is why we passed a tax cut to give working families up to $8,000 a year to give folks more room in their budgets to buy for their children food, medication, and school supplies.

Check the Vocabulary

quote 인용하다 | **Child Tax Credit** 자녀세액공제 | **poverty** 빈곤 | **room** ~할 여유, 여지 | **medication** 약물 치료, 투약

위인 Thursgood Marshall은 모든 어린이는 권리가 있다고 말했습니다. 지금 그분의 말을 인용하겠습니다. "삶에서 동등한 출발과 그들의 잠재력에 도달할 동등한 기회를 가질 권리가 있다"고요. 저는 우리나라를 전진시키기 위해서 우리는 우리 사회의 모든 어린이들이 그분이 말한 균등한 기회를 가질 수 있도록 하기 위해 싸워야 한다고 생각합니다.

그래서 여기 모인 우리 모두 함께 자녀세액공제 연장을 위해 싸웠던 겁니다. 이 세액 공제로 지난해에만 근 40%의 흑인 어린이들이 빈곤으로부터 벗어났습니다.

그래서 우리가 노동계급 가정들이 연 8천달러까지 받아서 그들의 예산에 좀 더 여유를 갖고 그들 자녀들에게 먹을 것, 약물 치료 및, 학용품을 사줄 수 있는 감세안을 통과시켰던 겁니다.

15

It is why we are fighting to make sure home healthcare is accessible and affordable. Because we all know we have far too many children, for example, in our communities who have disabilities and their parents need support. They need help. And so, this is the work we are doing.

And finally, because we know that when we invest in the education of our children, we are really investing in the future of our nation.

That is why, as Madam Vice Chair mentioned, we invested an historic 5.8 billion — that's with a "B" — billion dollars in our HBCUs so they will remain the center of academic excellence.

accessible 이용 가능한, 접근 가능한 | **affordable** 저렴한, 알맞은 | **disability** 장애 | **invest** 투자하다 | **HBCU(Historically Black Colleges and Universities)** 역사적 흑인대학

그래서 우리는 가정 의료비가 이용가능하고 저렴하게 하려고 싸우고 있는 겁니다. 왜 나하면 예를 들어, 우리사회에는 우리 모두 너무 많은 아이들이 장애를 갖고 있어 장애 아이들의 부모에게는 지원이 필요하다는 것을 알고 있기 때문입니다. 그들은 도움이 필요해요. 그렇기 때문에 이게 우리가 하고 있는 일입니다.

끝으로 우리가 우리 아이들 교육에 투자할 때, 우리는 사실상 우리나라의 미래에 투자하고 있는 것이라는 것을 알기 때문입니다.

그래서 우리는 부회장님께서 언급하신 바와 같이 역사적인 58억 달러를 ‒ 10억할 때의 "B"로 시작되는 ‒ 58억 달러를 역사적 흑인대학들에 투자해서 이 대학들이 계속해서 우수한 학업성취의 센터로 남아 있을 수 있도록 한 겁니다.

Check the Vocabulary

SPEECH

16

TSU Commencement Address

테네시 주립대학교 졸업식 연설

2022년 5월 9일. 테네시 주립대 스타디움

역사적으로 흑인 대학인 테네시 주립대학교 졸업식에서 행한 연설이다.
COVID-19 위기를 뚫고 학위취득에 성공한 졸업생들을 축하하는 연설에서 기후위
기, 러시아의 우크라이나 침공, 출산에 관한 여성의 선택권, 2022년 졸업생들의 리더
십 기회 등을 주제로 연설했다.

🎧 16

Good morning. Jada, thank you for that introduction and for your 4.0. How about that!

Greetings, Tigers. Greetings to all of you.

And to the members of the board, distinguished faculty, and staff, thank you for this tremendous honor.

I cannot say enough about the president of this university, Dr. Glenda Glover.

Dr. Glover, you have been a tremendous friend to me for many years, and I thank you for your leadership. And Tennessee State is extremely fortunate to have you as its leader.

To the class of 2022: Congratulations to all of you.

Check the Vocabulary

introduction 소개 | **How about that!** | 정말 멋지다!, 대단하네요! | **Tigers** 테네시 주립대 스포츠 팀 멍 | **distinguished** 저명한 | **fortunate** 운 좋은

안녕하세요, Jada. 소개에 감사드려요. 평점이 4.0 만점. 와우, 정말 대단하시네요.

타이거스 팀 안녕하세요. 여러분 모두에게 인사드립니다.

이사회 이사님들, 저명한 교수님들, 학교 직원 여러분, 이 엄청난 영예를 주신 것에 감사드립니다.

총장님이신 Glenda Glover 박사님에 대해서는 이루 다 말씀드릴 수 없습니다.

Glover 박사님, 수년간 저에게 대단한 친구이셨습니다. 총장님의 지도력에 감사드립니다. 테네시 주립대는 총장님을 지도자로 모시고 있어서 대단한 행운입니다.

2022년 동기생 여러분 모두에게 졸업을 축하드립니다.

🎧 16

And we are, of course, joined today by your professors and your coaches and university staff who have been by your side for every step of this journey. Let's give them another round of applause.

And to all of the families and the loved ones who are here — the parents and the grandparents, the aunties and the uncles, the godparents: I thank you. I thank you.

I know over these last years, it has been you who have delivered the care packages, who have offered up a place to do laundry. You spent money when they called you and said, "I need a little bit for books or maybe my sorority dues."

Check the Vocabulary

care package 생필품 꾸러미 | **sorority** 여학생 클럽, 여성회 | **dues** 회비

그리고 오늘 이 자리에는 이 여정의 모든 단계에서 여러분의 곁에 있어 준 여러분의
교수님들, 코치님들, 학교 직원분들께서 당연히 우리와 함께 하고 있습니다. 이분들
에게 또 한 번 박수를 보냅시다.

또한 이 자리에 오신 가족분들과 사랑하는 사람들 모든 분들에게 부모님, 조부모님,
이모님, 고모님들, 삼촌들, 대부모님들께 감사드립니다.

저는 지난 수년 동안 대학생 자녀분들에게 생필품 꾸러미를 보내주고, 집에 와 있을
때는 빨래도 해준 분들이 여러분들이었다는 것을 알고 있습니다. 여러분은 자녀들이
전화해서 "저 책 구입할 돈이 좀 필요해요." 또는 아마도 "저 여학생 클럽 회비 낼 돈
이 필요해요."라고 말하면 돈을 쓰셨지요.

Graduates, I know it has been a long, hard road, but you all made it. You made it.

And right now, I'm going to ask you to take a moment. Take a moment and look to your left and look to your right. And take a good look at the folks sitting around you right now. These are the folks who have been by your side, literally and virtually, since your first day as a Tiger.

Together, you all have been through $10 Tuesdays at Slim & Husky's.

Together, you all have been through last-minute scrambles to memorize a speech for freshman Public Speaking.

Together, you have been through the return to campus and, just as importantly, through the return to in-person homecoming.

Check the Vocabulary

Slim & Husky's 피자 레스토랑 이름 | **last-minute** 마지막 순간의, 막판의 | **scramble** ~하려고 허둥 대기, 서둘러 ~하다 | **freshman** 신입생

졸업생 여러분, 저는 그 길이 멀고 힘든 길이었다는 것을 압니다만 여러분은 해내셨습니다. 여러분은 해내셨어요.

이제 잠시 시간을 가져달라고 부탁하겠습니다. 잠깐 동안 왼쪽과 오른쪽을 보세요. 지금 여러분 주변에 앉아 있는 분들을 잘 보세요. 이분들은 입학 첫 날부터 말 그대로 사실상 여러분 곁에 있어온 분들입니다.

여러분은 이분들과 함께 Slim & Husky's 피자가게에서 화요일날 10 달러를 주고 피자를 사먹었습니다.

이분들과 함께 신입생 대중연설 연설문을 외우기 위해 마지막 순간까지 허둥대고 외웠습니다.

이분들과 함께 캠퍼스에 돌아왔고, 또한 중요한 것은, 동문회에 직접 참석하기도 했습니다.

🎧 16

You made it through together.

And I speak from personal experience when I say — hear me now — there are future members of your wedding party in this class. Someone sitting near you will ask you to be godparent to their child.

Over the years, you will reach out to some of the people around you when you've had a bad day or a great one, and they will reach out to you, too.

And many of them might be present for your swearing-in after your election to public office.

Class of 2022, you made it through.

Check the Vocabulary

swearing-in 취임 선서

226

여러분은 함께 해내셨습니다.

개인적인 경험으로 말씀 드릴테니까 들어보세요. 이 동기 중에는 여러분의 결혼식 파티에 올 미래의 하객들이 있습니다. 여러분 가까이 앉아 있는 누군가는 여러분에게 그분 자녀의 대부모가 되어달라고 부탁할 겁니다.

세월이 흐르면서 여러분은 좋을 때나 나쁠 때나 여러분 주변의 일부 사람들에게 연락을 하게 될거고 그분들 역시 여러분에게 연락할 겁니다.

그리고 그분들 중 많은 사람들은 여러분이 공직에 선출된 후 취임식에 참석할 수도 있을겁니다.

여러분들은 함께 해내셨습니다.

And it cannot be denied also that your class has traveled a stony road — a pandemic that took away so much of the college experience that you once imagined.

And the world that you graduate into is unsettled. It is a world where long-established principles now rest on shaky ground.

We see this in Ukraine, where Russia's invasion threatens international rules and norms that have provided unprecedented peace and security in Europe since World War Two.

We believed that the principles of sovereignty and territorial integrity had, for the most part, prevailed — that democracy had prevailed. But now, the certainty of fundamental principles is being called into question, including the principles of equality and fairness.

Inequality has always, sadly, existed in our world. The gaps between the rich and the poor, men and women, the Global North and Global South have existed throughout our history.

And through this pandemic, the gaps have become much larger. Globally, extreme poverty is on the rise, as is extreme wealth.

You graduate into an unsettled world, both abroad and here at home.

---

unprecedented 전례없는 | **sovereignty** 자주권 | **integrity** 완전한 상태, 보전 | **prevail** 이기다, 우세하다, 만연하다, 팽배하다 | **call into question** 의문을 제기하다 | **inequality** 불평등

이번 동기생들이 자갈길을 여행했다는 점 또한 부정할 수 없는 사실입니다. 여러분이 상상했을 대학생활 경험 중 너무 많은 것을 빼앗아버린 유행병인 자갈길 말입니다.

여러분이 진출하는 세계는 불확실합니다. 그 곳은 오랫동안 확립된 원칙이 지금은 불안정한 땅 위에 놓여 있는 세계입니다.

우리는 이것을 우크라이나에서 보고 있습니다. 러시아의 우크라이나 침공은 2차 세계 대전 이후 전례없이 유럽에 평화와 안전을 제공했던 국제 규칙과 규범을 위협하는 것입니다.

우리는 일반적으로 주권과 영토 보전 원칙이 대부분 지배했고 민주주의가 지배했다고 믿어왔습니다. 그러나 지금은 평등과 공정의 원칙을 포함해서 기본 원칙들의 확실성에 의문이 제기되고 있습니다.

불평등은 불행히도 늘 이 세계에 존재했습니다. 부자들과 가난한 자들, 남성과 여성, 북반구의 선진국과 남반구의 저개발국들 간의 격차는 우리 역사에 존재했습니다.

그런데 이 세계적인 유행병 때문에 그 격차는 더 커졌습니다. 세계적으로 극도의 빈이 증가일로에 있는데, 극도의 부도 마찬가지로 증가하고 있습니다.

여러분은 국내외의 불확실한 세계로 진출하게 되는거죠.

on the rise 증가하고 있는

In the United States, we are once again forced to defend fundamental principles that we hoped were long-settled: principles like the freedom to vote, the rights of women to make decisions about their own bodies — even what constitutes the truth, especially in an era when anyone can post anything online and claim it is a fact.

We must also grapple with the urgent issues that have not been settled. Some of them have been accelerated during your lifetime, like the need to address the climate crisis.

Some we have been struggling with since the founding of our nation: disparities in who has access to healthcare, disparities in how people are treated by the criminal justice system, disparities in wealth and who has access to the capital required to succeed and thrive.

And, graduates, I look at this unsettled world and, yes, I then see the challenges, but I'm here to tell you, I also see the opportunities. The opportunities for your leadership. The future of our country and our world will be shaped by you.

---

constitute ~에 해당하다, 간주하다, 구성하다 | **grapple** ~을 해결하려고 노력하다 | **urgent** 긴급한 | **address** 해결하다 | **disparity** 차이

미국에서 우리는 오래전에 합의되었기를 기대했던 투표할 자유, 여성들이 자신들의 신체에 대해 결정할 권리와 같은 기본 원칙들을 다시 한 번 수호해야 합니다. 심지어 우리는 이런 문제들과 관련하여 무엇이 진실을 만드는지 이해하기 위한 노력도 해야 합니다. 왜냐하면 지금 우리는 누구든 아무것이나 인터넷에 올려 그것이 사실이라고 주장하는 시대에 살고 있기 때문입니다.

우리는 또한 해결되지 못한 긴급한 문제들을 해결하려고 노력해야 합니다. 기후위기 해결의 필요성과 같은 일부 문제들은 여러분의 생애동안 가속화되었습니다.

우리나라 건국 이후 일부 문제들과 싸워왔습니다. 의료를 받을 수 있는 기회의 차이, 형사 사법 체계의 사람들에 대한 대우의 차이, 부의 차이, 성공과 번영에 필요한 자금을 이용할 기회의 차이 말입니다.

졸업생 여러분, 저는 이 불확실한 세계를 보면서, 네, 난제들을 봅니다만 저는 또한 기회들도 보인다는 말을 하기 위해 여기 온 겁니다. 여러분의 리더십 기회. 우리나라와 우리 세계의 미래는 여러분들에 의해 형성될 것입니다.

🎧 16

And when I speak about "you," I am talking about you as the class of 2022, as graduates of TSU. You as individuals, each with your own lived experience.

Each of these pieces of who you are comes with very special attributes, its own approach — these attributes — to tackling the biggest challenges of today.

As the class of 2022, you bring possibility to the table. You are a generation that grew up online and survived a pandemic. You are familiar with a world that, for many of us, feels a bit strange and new. You have been engaged with this world since you were little.

Check the Vocabulary

attribute 특성, 특질, 자질 | **tackle** 해결하다, 대처하다

제가 "여러분"을 말할 때는, 저는 2022년 동기생, TSU 졸업생으로서의 여러분을 말하는 것입니다. 각 개인으로서의 여러분은 각 개인의 인생 경험이 있습니다.

매우 특별한 자질을 지닌 이 졸업생들 특유의 접근 방식은 – 이 특질들은 – 오늘날의 최대 난제들을 해결할 수 있는 방법입니다.

2022년 졸업생으로서 여러분은 기대가치를 사회에 제공합니다. 여러분은 인터넷시대에 성장했고 세계적인 유행병에서 살아남은 세대입니다. 여러분은 우리들 중 많은 사람들에게는 좀 이상하고 새롭게 느껴지는 세계에 친숙합니다. 여러분은 어릴 적부터 이런 세계와 소통해왔습니다.

SPEECH
17

Speech at the Memorial Ceremony on the 20th Anniversary of the 9/11 Attacks

9.11테러 20주기 추모식 연설

2021년 9월 11일. 섕크스빌, 펜실베이니아 주

2001년 9월 11일, 이슬람 근본주의 테러조직인 알카에다가 일으킨 자살테러로 근 3000명이 사망하고 수많은 사람들이 부상당한 9.11테러 20주기 추도사다. 평소 잘 웃는 그녀가 이날은 시종일관 엄숙한 분위기로 연설해나갔다.

President Bush, it is my honor to be on this stage with you and Mrs. Laura Bush. And thank you, President Bush, for your words. They are as resonant today as the words you spoke 20 years ago. Governor Tom Wolf, Superintendent Stephen Clark, Madam Secretary, and the President of the Families of Flight 93, Gordon Felt: It is truly an honor to be with all of you at this field of honor.

We are joined today, of course, by the family and friends of the 40 passengers and crew members of Flight 93. And we stand today with all those who lost someone on September 11, 2001, and in the aftermath of the attacks.

So many in our nation — too many in our nation — have deeply felt the passage of time these last 20 years. Every birthday your loved one missed. Every holiday. Every time her favorite team won, or his favorite song came on the radio. Every time you've tucked in your children or dropped them off at college. You have felt every day, every week, and every year that has passed these 20 years.

Check the Vocabulary

resonant 깊이 울리는 | **superintendent** 경찰서장 | **in the aftermath of** ~의 여파로 | **tuck in** 이불을 잘 덮어주다

부시 대통령님, 대통령님, 로라 부시 여사님과 이 자리에 있게 되어 영광입니다. 부시 대통령님 말씀에 감사합니다. 오늘 말씀은 20년 전에 하신 말씀만큼 깊은 울림을 줍니다. Tom Wolf 주지사, Stephen Clark 경찰서장, 장관님, 〈플라이트 93 가족〉회장 Gordon Felt, 이 영광의 들판에서 여러분들과 함께 하게 되어 정말 영광입니다.

오늘 이 자리엔 93항공편의 승객들, 승무원들의 가족과 친구들이 당연히 함께 하고 있습니다. 오늘 우리는 2001년 9월 11일 테러 공격과 그 공격의 후유증으로 누군가를 잃은 모든 분들과 함께 하고 있습니다.

그래서 우리나라의 많은 분들이 아주 많은 분들이 지난 20년의 세월을 깊이 느꼈습니다. 여러분의 사랑하는 가족이 놓친 모든 생일, 모든 휴일, 그녀가 좋아하는 팀이 승리했던, 또는 그가 좋아하는 노래가 라디오에서 흘러나왔던 모든 때, 여러분이 여러분의 자녀들에게 이불을 잘 덮어주거나 자녀들을 대학에 내려줬던 모든 시간들을 말입니다. 여러분은 지난 20년을 매일, 매주, 매년 느껴왔습니다.

So, please know your nation sees you, and we stand with you, and we support you.

We are gathered today on hallowed ground, at this place that has been sanctified by sacrifice, to honor the heroism that the 40 passengers and crew members showed in the face of grave terrorism.

I remember when I first learned about what happened on that fateful flight. What happened on Flight 93 told us then and it still tells us so much about the courage of those on board who gave everything they possibly could; about the resolve of the first responders who risked everything; and about the resilience of the American people.

hallow 신성하게 하다 | **sanctify** 신성하게 하다 | **fateful** 운명적인 | **resilience** 회복력

그래서 여러분의 조국은 여러분을 보고 있고, 우리가 여러분과 함께 하고 있고, 여러분을 지지한다는 것을 알아주시기 바랍니다.

오늘 우리는 40명의 승객과 승무원들이 끔찍한 테러에 맞서 보여준 그 영웅적 행위를 기리기 위해 희생으로 신성하게 된 이 신성한 장소에 모였습니다.

저는 그 운명의 비행기 사고에 대해 처음 알았을 때를 기억합니다. 93항공편에서 벌어진 일은 우리들에게 알려줬는데 그것은 아직도 우리들에게 할 수 있는 모든 것을 다한 탑승객들의 용기에 대해, 모든 것을 건 응급 대원들의 결의에 대해, 미국 국민들의 회복력에 대해 너무 많은 것을 알려줍니다.

🎧 17

On this 20th anniversary, on this solemn day of remembrance, we must challenge ourselves — yes, to look back, to remember, for the sake of our children, for the sake of their children. And for that reason, we must also look forward. We must also look toward the future. Because in the end, I do believe that is what the 40 were fighting for: their future and ours.

On the days that followed September 11th, 2001, we were all reminded that unity is possible in America. We were reminded also that unity is imperative in America. It is essential to our shared prosperity, to our national security, and to our standing in the world. And by unity, I don't mean uniformity. We had differences of opinion in 2001 as we do in 2021. And I believe that in America, our diversity is our strength.

Check the Vocabulary

solemn 엄숙한, 침통한 | **remembrance** 추모 | **for the sake of** ~을 위해서 | **imperative** 반드시 해야 하는 | **uniformity** 획일성

이 엄숙한 20주기 추도일에 우리는 우리 스스로에게 도전해야 합니다. 우리 아이들을 위해, 그들의 아이들을 위해, 그래요, 되돌아보고, 기억하기 위해서 말입니다. 그리고 그런 이유로 해서 우리는 또한 앞을 내다봐야 합니다. 결국 저는 93편 탑승객 40명은 그것 때문에 싸웠다고 보기 때문입니다. 그들의 미래와 우리의 미래를 위해서요.

2001년 9월 11일이후 우리 모두에게 미국에서는 통합이 가능하다고 상기되었습니다. 우리는 또한 미국에서는 통합은 반드시 해야하는 것이라고 상기되었습니다. 그것은 공유되는 번영, 우리의 국가 안보, 세계에서 우리의 지위에 꼭 필요한 것입니다. 제가 말하는 통합은 저는 획일성을 의미하는 것이 아닙니다. 우리는 2021년처럼 2001년에도 의견 차이가 있었습니다. 그리고 미국에서 우리의 다양성은 우리의 힘이라고 생각합니다.

🎧 17

At the same time, we saw after 9/11 how fear can be used to sow division in our nation as Sikh and Muslim Americans were targeted because of how they looked or how they worshipped. But we also saw what happens when so many Americans, in the spirit of our nation, stand in solidarity with all people and their fellow American, with those who experience violence and discrimination — when we stand together.

And looking back, we remember the vast majority of Americans were unified in purpose to help families heal, to help communities recover, to defend our nation, and to keep us safe. In a time of outright terror, we turned toward each other. In the face of a stranger, we saw a neighbor and a friend. That time reminded us the significance and the strength of our unity as Americans and that it is possible in America.

Check the Vocabulary

sow 뿌리다, 심다 | **worship** 숭배하다 | **solidarity** 연대 | **discrimination** 차별 | **the vast majority** 대다수의 | **heal** 치유하다 | **significance** 중요성

동시에 9.11사태이후 우리는 그들의 외모 또는 그들이 숭배하는 방법 때문에 시크교와 이슬람교 미국인들이 목표 대상이 되면서 두려움이 어떻게 우리나라에 분열의 씨를 뿌리는 데 이용될 수 있는지를 목격했습니다. 그러나 우리는 또한 우리나라의 정신으로 아주 많은 국민들이 모든 국민과 그들의 동료 미국인들, 폭력과 차별을 경험하는 사람들과 연대할 때 그러니까 우리가 뭉칠 때 어떻게 되는지도 목격했습니다.

되돌아보면, 우리는 대다수의 미국인들은 하나의 목표를 갖고, 가족들의 치유를 돕고 공동체들의 회복을 돕고, 우리나라를 수호하고, 우리를 안전하게 한 것으로 기억합니다. 명백한 테러가 발생한 시기에 우리는 서로에게 의지했습니다. 낯선 사람 앞에서 한 이웃과 친구를 봤습니다. 그 시기는 우리에게 미국인으로서 통합의 중요성과 힘 그리고 그것이 미국에서는 가능하다는 것을 일깨워줬습니다.

So, moments from now, we will leave this hallowed place, still carrying with us the pain of this loss — this tremendous loss. And still, the future will continue to unfold.

We will face new challenges — challenges that we could not have seen 20 years ago. We will seize opportunities that were at one time unimaginable. And we know that what lies ahead is not certain. It is never certain; it has never been.

But I know this: If we do the hard work of working together as Americans, if we remain united in purpose, we will be prepared for whatever comes next.

잠시 후 우리는 이 신성한 곳을 엄청난 상실의 고통을 지닌 채 떠날 것입니다. 그럼에도 불구하고 미래는 계속 펼쳐질 것입니다.

우리는 새로운 도전들 20년 전에는 볼 수 없었던 도전들을 만나게 될 것입니다. 우리는 한 때 상상도 못했던 기회도 잡게 될 것입니다. 그리고 우리는 우리 앞에 뭐가 놓여 있는지 확실하지 않다는 것을 압니다. 그건 확실하지 않고 확실한 적도 없었습니다.

하지만 저는 이거는 압니다. 우리가 미국인으로서 함께 일하는 힘든 일을 하면, 우리의 목표가 여전히 통일되어 있다면, 우리는 다음에 무엇이 오든 준비되어 있을 것이라는 사실은 알고 있습니다.

17

The 40 passengers and crew members of Flight 93, as we all know, they didn't — they didn't know each other; most of them didn't know each other. They were different people from different places. They were on that particular flight for different reasons. But they did not focus on what may separate us. No, they focused on what we all share — on the humanity we all share.

In a matter of minutes, in the most dire of circumstances, the 40 responded as one. They fought for their own lives and to save the lives of countless others at our nation's capital.

After today, it is my hope and prayer that we continue to honor their courage, their conviction, with our own; that we honor their unity by strengthening our common bonds, by strengthening our global partnerships, and by always living out our highest ideals.

This work will not be easy; it never has been. And it will take all of us believing in who we are as a nation. And it will take all of us going forth to work together.

Thank you all. May God bless you. And may God bless America. Thank you.

40명의 93항공편 승객들과 승무원들은 우리 모두 알다시피, 그들은 서로 몰랐습니다. 그들 대다수는 서로 모르는 사이였습니다. 서로 다른 곳 출신의 다양한 사람들이었습니다. 그들은 다른 이유로 그 특별한 비행기에 탑승했습니다. 하지만 그들은 우리를 갈라놓을 수 있는 것에 관심을 두지 않았습니다. 네, 그들은 우리 모두 공유하는 것에 집중하였습니다. 우리 모두 공유하는 인간애 말입니다.

최악의 상황에서 몇 분만에 그 40명은 하나가 되어 대응했습니다. 그들은 우리나라의 수도에서 자신들의 목숨과 무수한 다른 사람의 인명을 구하기 위해 싸웠습니다.

오늘 이후, 저는 우리가 그들의 용기와 신념을 우리의 용기와 신념으로 계속해서 기릴 수 있기를, 우리가 공동의 유대감을 강화하고, 우리의 국제적 협력 관계를 강화하고, 항상 우리의 지고한 이상에 따라 삶으로써 그들의 단결을 기릴 수 있기를 소망하고 기도합니다.

이 일은 쉽지 않을 것입니다. 쉬운 적이 없었습니다. 그 일을 하기 위해서는 우리나라의 가치관에 동의해야 할 것입니다. 그 일을 하기 위해서는 우리 모두 함께 나아가 일해야 할 것입니다.

모든 분에게 감사드립니다. 여러분에게 신의 축복이 내려지길. 미국에게 신의 축복이 내려지길.

SPEECH

18

Victory Speech as Vice President

부통령으로서의 대선 승리 소감

2020년 11월 7일. 윌밍턴, 델라웨어 주

최초의 여성 부통령, 최초의 흑인 여성 부통령, 최초의 아시아계 여성 부통령 등의 많은 첫 번째 기록을 갖고 있는 카멀라 해리스가 2020년 11월 7일 델라웨어 주 윌밍턴에서 행한 부통령 당선 소감이다. 이날 연설에서 여성은 민주주의의 중추이고, 자신이 최초의 여성 부통령일지 모르지만 마지막 여성 부통령은 아닐 것이다 라며 부통령으로서의 대선 승리 소감을 밝혔다.

18

Congressman John Lewis, before his passing, wrote: "Democracy is not a state. It is an act." And what he meant was that America's democracy is not guaranteed. It is only as strong as our willingness to fight for it, to guard it and never take it for granted. And protecting our democracy takes struggle. It takes sacrifice. But there is joy in it and there is progress. Because 'We The People' have the power to build a better future. And when our very democracy was on the ballot in this election, with the very soul of America at stake, and the world watching, you ushered in a new day for America.

To our campaign staff and volunteers, this extraordinary team—thank you for bringing more people than ever before into the democratic process and for making this victory possible.

To the poll workers and election officials across our country who have worked tirelessly to make sure every vote is counted—our nation owes you a debt of gratitude as you have protected the integrity of our democracy.

And to the American people who make up our beautiful country— thank you for turning out in record numbers to make your voices heard.

Check the Vocabulary

congressman 하원의원 | **take for granted** 당연한 일로 여기다 | **at stake** 위태로운, 성패가 달려 있는 | **usher in** ~을 안내하다, ~이 시작되게 하다 | **tireless** 지칠 줄 모르는

John Lewis 하원의원께서는 돌아가시기 전 이렇게 썼습니다. "민주주의는 상태가 아니라 행동이다."라고요. 그분이 말하고자 하는 것은 미국의 민주주의는 보장되어 있지 않다. 그것은 민주주의를 위해 싸우려는, 지키려는 우리의 의지만큼만 강할 뿐이어서 절대로 당연시 해서는 안된다는 것입니다. 그래서 우리의 민주주의 보호는 노력이 필요하고 희생이 필요하지만 그 속에는 기쁨과 진전도 있습니다. 우리 국민은 더 나은 미래를 건설할 힘을 갖고 있기 때문입니다. 우리의 바로 이 민주주의가 이번 선거의 투표에 달려있을 때, 바로 이 미국의 혼이 위기에 처해 있고 세계가 지켜보는 가운데 여러분은 미국을 위한 새로운 시대를 열었습니다.

우리의 선거운동 요원들, 자원봉사자들, 이 비범한 팀이 그 어느 때보다도 더 많은 사람들을 민주적인 과정에 데려와서 이 대선 승리가 가능케 한 것에 대해 감사드립니다.

모든 투표가 집계되도록 지칠 줄 모르고 일한 전국의 투표 관리원들, 선거 관계자들에게 우리 국민은 민주주의의 온전성을 지켜주신 데 대해 감사의 마음을 전합니다.

그리고 이 아름다운 나라의 구성원들인 미국 국민들에게 기록적인 숫자로 투표에 참가해서 자신들의 목소리를 내주신 것에 대해 감사드립니다.

turn out (투표에) 참가하다

I know times have been challenging, especially the last several months.

The grief, sorrow, and pain. The worries and the struggles. But we've also witnessed your courage, your resilience, and the generosity of your spirit. For 4 years, you marched and organized for equality and justice, for our lives, and for our planet. And then, you voted. You delivered a clear message. You chose hope, unity, decency, science, and, yes, truth. You chose Joe Biden as the next President of the United States of America.

Joe is a healer. A uniter. A tested and steady hand. A person whose own experience of loss gives him a sense of purpose that will help us, as a nation, reclaim our own sense of purpose. And a man with a big heart who loves with abandon.

It's his love for Jill, who will be an incredible First Lady.

It's his love for Hunter, Ashley, his grandchildren, and the entire Biden family.

Check the Vocabulary

decency 품위 | **healer** 치유자 | **uniter** 통합자 | **steady hand** 단호한 지도력이 있는 사람 | **reclaim** 되찾다 | **with abandon** 마음껏, 마구

힘든 시기였다는 것을 알고 있습니다. 특히 지난 몇 달 동안요.

비탄, 슬픔, 고통, 걱정, 고투. 하지만 우리는 또한 여러분의 용기, 회복력, 관대한 마음을 봤습니다. 4년 동안 여러분은 평등과 정의, 우리의 삶과 지구를 위해 행진하고 조직했습니다. 그리고는 투표로 분명한 메시지를 전했습니다. 여러분은 희망, 통합, 품위, 과학, 네, 맞아요, 진실을 선택했습니다. 여러분은 조 바이든을 차기 미 대통령으로 선택했습니다.

조는 치유하는 힘이 있고, 통합하는 힘이 있고, 검증되었으며, 흔들리지 않는 단호한 지도자입니다. 가족을 잃은 경험을 갖고 있는 사람은 목표의식을 갖고 있고 이 목표의식은 국민으로서 우리가 우리의 목표의식을 되찾도록 도와주게 될 것입니다. 조는 마음껏 사랑하는 매우 너그러운 마음을 지닌 사람입니다.

그것은 놀라운 영부인이 되실 질 여사에 대한 사랑입니다.

그것은 Hunter, Ashley, 손자손녀들과 바이든 전 가족에 대한 사랑입니다.

🎧 18

And while I first knew Joe as Vice President, I really got to know him as the father who loved Beau, my dear friend, who we remember here today.

To my husband Doug, our children Cole and Ella, my sister Maya, and our whole family—I love you all more than I can ever express. We are so grateful to Joe and Jill for welcoming our family into theirs on this incredible journey.

And to the woman most responsible for my presence here today—my mother, Shyamala Gopalan Harris, who is always in our hearts.

Check the Vocabulary

presence 있음, 존재함

저는 부통령이시던 조를 처음 알게 되었지만 저는 정말로 조를 저의 절친한 친구였던 Beau(2015년 뇌암으로 사망한 조 바이든 대통령의 장남)를 사랑한 아버지로 알게 되었습니다. 우리는 오늘 여기에서 그를 추모합니다.

제 남편 Doug, 제 아이들 Cole과 Ella, 제 여동생 Maya와 우리 전 가족들에 대한 저의 사랑은 이루 다 말로 표현할 수 없습니다. 이 놀라운 여정에서 우리 가족을 자신들의 가족으로 맞이해주신 바이든 부통령과 질 여사에게 감사드립니다.

저를 이 자리에 있게 하는 데 가장 큰 역할을 해주신 여인인 제 어머니 Shymala Gopalan Harris에게 고마움을 전합니다. 어머니는 항상 제 마음속에 있습니다.

🎧 18

When she came here from India at the age of 19, she maybe didn't quite imagine this moment. But she believed so deeply in an America where a moment like this is possible. So, I'm thinking about her and about the generations of women—Black Women. Asian, White, Latina, and Native American women throughout our nation's history who have paved the way for this moment tonight.

Women who fought and sacrificed so much for equality, liberty, and justice for all, including the Black women, who are too often overlooked, but so often prove that they are the backbone of our democracy.

All the women who worked to secure and protect the right to vote for over a century: 100 years ago with the 19th Amendment, 55 years ago with the Voting Rights Act, and now, in 2020, with a new generation of women in our country who cast their ballots and continued the fight for their fundamental right to vote and be heard.

Check the Vocabulary

pave the way for ~을 위한 길을 열다 | **overlook** 간과하다 | **backbone** 중추, 등뼈, 척추 | **19th Amendment** 미국 헌법 수정 제 19조(1920년의 여성 참정권 수정 조항)

제 어머니가 열 아홉 살 때 인도에서 미국으로 오셨을 때는 이 순간을 상상도 못했을 겁니다. 하지만 어머니는 오늘과 같은 순간이 가능한 미국에 대한 깊은 믿음이 있었습니다. 그래서 저는 제 어머니를 비롯한 여성 세대들을 생각합니다. 우리 미국 역사에서 흑인, 아시아, 백인, 라틴계, 아메리카 원주민 여성들 말입니다. 이분들은 오늘 밤 이 순간을 위해 길을 열어주셨습니다.

여성들은 흑인 여성들을 포함한 모든 사람들을 위한 평등, 자유, 정의를 위해 싸웠고 너무 많은 것을 희생하셨습니다. 흑인 여성들은 너무 자주 간과되지만 이분들은 우리 민주주의의 중추임을 너무 자주 증명하고 있습니다.

1세기가 넘도록 투표권을 지키고 보호하기 위해 노력하신 여성들 말입니다. 100년 전에는 (미국)헌법 수정 제 19조로, 55년 전에는 투표권법으로, 지금 2020년 우리나라의 여성 신세대들은 투표로 자신들의 기본적인 투표권을 위한, 자신들의 목소리를 내기 위한 싸움을 계속했습니다.

Check the Vocabulary

Voting Rights Act 투표권법(흑인.소수 민족의 선거권 보장을 목적으로 하는 법)

18

To the American people:

No matter who you voted for, I will strive to be a Vice President like Joe was to President Obama—loyal, honest, and prepared, waking up every day thinking of you and your families. Because now is when the real work begins.

The hard work. The necessary work. The good work.

The essential work to save lives and beat this pandemic.

To rebuild our economy so it works for working people.

To root out systemic racism in our justice system and society.

To combat the climate crisis.

To unite our country and heal the soul of our nation.

The road ahead will not be easy.

But America is ready. And so are Joe and I.

strive 분투하다 | **root out** 근절하다 | **combat** 해결하다, 싸우다

미국 국민들에게 전합니다.

여러분이 누구에게 투표했든, 저는 조가 오바마 대통령에게 했던 것처럼 충성하고, 정직하고, 준비되어 있고, 매일 아침 일어나 여러분과 여러분 가족을 생각하는 부통령이 되도록 노력하겠습니다. 왜냐하면 지금은 진짜 일이 시작할 때이기 때문입니다.

힘든 일, 필요한 일, 좋은 일.

인명을 구하고, 이 세계적인 유행병인 COVID-19를 물리치는 필수적인 일.

노동자 계층에 효과가 있는 우리 경제를 재건하는 일.

우리의 사법체계와 사회내 조직적인 인종차별 행위를 뿌리뽑는 일.

기후위기를 해결하는 일.

우리나라를 통합해서 미국의 영혼을 치유하는 일 말입니다.

앞으로 갈 길은 험난할 것입니다만 미국은 준비되어 있고, 조와 저 역시 준비되어 있습니다.

🎧 18

We have elected a president who represents the best in us.

A leader the world will respect and our children can look up to.

A Commander-in-Chief who will respect our troops and keep our country safe.

And a President for all Americans.

Check the Vocabulary

look up to 우러러보다 | **commander-in-chief** 총사령관

우리는 우리의 최상을 상징하는 대통령을 뽑았습니다.

세계가 존경할 것이고 우리 아이들이 존경할 수 있는 지도자를 뽑았습니다.

우리 군을 존경하고, 우리나라를 안전하게 할 총사령관인 모든 미국인을 위한 대통령을 선출했습니다.

SPEECH
19

Vice Presidential Nominee Kamala Harris's Speech at the Democratic National Convention

부통령 지명자로서 민주당 전당대회 연설

2020년 8월 20일. 윌밍턴, 델라웨어 주

당시 부통령 지명자였던 카멀라 해리스가 민주당 전당대회에서 행한 연설이다.
이번 주는 미국 여성에게 참정권을 부여한 수정헌법 제 19조가 비준 100주기를 기념하는 뜻 깊은 주라면서 포문을 연 해리스는 혼란스러운 리더십으로 국민들을 표류하게 하는 트럼프 정권의 재집권을 막기 위해 조 바이든을 선출해야 하며 이를 위해 확신을 갖고, 희망을 갖고, 우리자신을 믿고 싸워 승리하자고 역설했다.

🎧 19

It is truly an honor to be speaking with you tonight.

That I am here tonight is a testament to the dedication of generations before me. Women and men who believed so fiercely in the promise of equality, liberty, and justice for all.

This week marks the 100th anniversary of the passage of the 19th amendment. And we celebrate the women who fought for that right.

Yet so many of the Black women who helped secure that victory were still prohibited from voting, long after its ratification.

But they were undeterred.

Without fanfare or recognition, they organized, testified, rallied, marched, and fought—not just for their vote, but for a seat at the table. These women and the generations that followed worked to make democracy and opportunity real in the lives of all of us who followed.

오늘 밤 여러분들과 대화를 나누게 되어 정말 영광입니다.

오늘 밤 제가 여기 섰다는 것은 저의 전 세대들의 헌신을 증명하는 것입니다. 모든 사람을 위한 평등, 자유, 정의에 대한 약속을 그토록 맹렬하게 믿었던 여성들과 남성들 말입니다.

이번 주는 미국 수정 헌법 제19조 가결 100주기가 되는 주이고 우리는 그 권리를 위해 싸운 여성들을 기립니다.

그런데 그 승리를 확보하는 데 일조한 흑인 여성들 가운데 상당수의 여성들은 비준 이후에도 오랫동안 여전히 투표가 금지되었습니다.

하지만 그들은 좌절하지 않았습니다.

팡파르나 인정없이, 그들은 조직하고, 증언하고, 집결하고, 행진하며 싸웠습니다. 자신들의 투표권을 위해서뿐만 아니라 공직의 자리를 위해서도요. 이 여성들과 뒤를 이은 세대들은 모든 우리 후세대들의 삶에서 민주주의와 기회가 실현되도록 노력했습니다.

They paved the way for the trailblazing leadership of Barack Obama and Hillary Clinton.

And these women inspired us to pick up the torch, and fight on.

Women like Mary Church Terrell and Mary McCleod Bethune. Fannie Lou Hamer and Diane Nash. Constance Baker Motley and Shirley Chisholm.

We're not often taught their stories. But as Americans, we all stand on their shoulders.

Check the Vocabulary

trailblazing 선구자적인

그들은 버락 오바마와 힐러리 클린턴의 선구자적인 리더십에 길을 열어주었습니다.

이 여성들은 우리에게 횃불을 들고 계속 싸우도록 영감을 주었습니다.

Mary Church Terrell, Mary McCleod Bethune, Fannie Lou Hamer, Diane Nash, Constance Baker Motley, Shirley Chisholm 같은 여성들 말입니다.

우리는 그분들의 이야기를 자주 배우지는 못합니다만 미국인으로서 우리 모두 그분들의 어깨 위에 올라서있습니다.

A country where we may not agree on every detail, but we are united by the fundamental belief that every human being is of infinite worth, deserving of compassion, dignity and respect.

A country where we look out for one another, where we rise and fall as one, where we face our challenges, and celebrate our triumphs— together.

Today… that country feels distant.

Donald Trump's failure of leadership has cost lives and livelihoods.

If you're a parent struggling with your child's remote learning, or you're a teacher struggling on the other side of that screen, you know that what we're doing right now isn't working.

compassion 배려, 연민 | **look out for** 보살피다 | **triumph** 승리

매사에 의견이 일치하지 않을 수도 있지만 모든 인간은 무한한 가치가 있으며 배려, 존엄, 존경을 받을 자격이 있다는 기본적인 신념으로 뭉쳐 있는 나라입니다

서로를 보살피고, 하나로서 흥망하고, 함께 어려움에 직면하고, 함께 우리의 승리를 축하하는 나라입니다.

오늘날 그 나라는 거리감을 느낍니다.

도널드 트럼프의 리더십 실패는 인명과 생계 수단을 잃게 했습니다.

여러분이 자녀의 원격수업에 어려움을 겪고 있는 부모라면 아니면 여러분이 그 화면의 반대편에서 어려움을 겪고 있는 교사라면 여러분은 우리가 지금 하고 있는 것이 효과가 없다는 것을 압니다.

🎧 19

And we are a nation that's grieving. Grieving the loss of life, the loss of jobs, the loss of opportunities, the loss of normalcy. And yes, the loss of certainty.

And while this virus touches us all, let's be honest, it is not an equal opportunity offender. Black, Latino and Indigenous people are suffering and dying disproportionately.

This is not a coincidence. It is the effect of structural racism. Of inequities in education and technology, health care and housing, job security and transportation. The injustice in reproductive and maternal health care. In the excessive use of force by police. And in our broader criminal justice system.

Check the Vocabulary

grieve 슬퍼하다 | normalcy 정상 상태 | indigenous 토착의 | disproportionately 불균형하게 | coincidence 우연의 일치 | structural 구조상의 | inequity 불공평 | injustice 불평등, 부당함

270

우리는 슬퍼하는 국민입니다. 목숨을 잃고, 직장을 잃고, 기회를 잃고, 정상 상태를 잃고 그리고 맞아요, 확실성을 잃어 슬퍼하는 국민입니다.

이 바이러스가 우리 모두를 침범하지만, 솔직해봅시다, 그건 기회 균등 범죄자가 아닙니다. 흑인, 라틴 아메리카계 시민과 토착민이 고통을 받고 있고 불균형하게 사망하고 있습니다.

이건 우연의 일치가 아닙니다. 그건 구조적인 인종차별의 결과입니다. 불평등 중에는 교육과 기술, 의료와 주택, 고용 보장과 교통 부문에서 불평등이 존재합니다. 여성의 출산과 모성 건강 관리에서 불공평하고 경찰의 과도한 무력 사용과 우리의 보다 광범위한 형사사법체계가 불공평합니다.

We're at an inflection point.

The constant chaos leaves us adrift. The incompetence makes us feel afraid. The callousness makes us feel alone. It's a lot.

And here's the thing: We can do better and deserve so much more.

We must elect a president who will bring something different, something better, and do the important work. A president who will bring all of us together—Black, White, Latino, Asian, Indigenous—to achieve the future we collectively want.

We must elect Joe Biden.

I knew Joe as Vice President. I knew Joe on the campaign trail. But I first got to know Joe as the father of my friend.

Check the Vocabulary

adrift 표류하는, 방황하는 | **incompetence** 무능 | **callousness** 냉담 | **indigenous** 토착의, 토종의 |
campaign trail 선거 유세 여행

우리는 변곡점에 있습니다.

끊임없는 혼란은 우리를 표류하게 합니다. 무능은 우리를 두렵게 합니다. 냉담은 우리를 외롭게 합니다. 그런게 많아요.

제 말은 우리는 더 잘 할 수 있고 정말 많은 것들을 누릴 자격이 있다는 겁니다.

우리는 뭔가 다른, 뭔가 더 낫고 중요한 일을 하게 될 대통령을 선출해야 합니다. 우리가 공동으로 원하는 미래를 성취하기 위해 흑인, 백인, 라틴아메리카계 시민, 아시안계 시민, 토착민 모두를 함께 통합시킬 대통령을 뽑아야 합니다.

우리는 조 바이든을 선출해야 합니다.

저는 조를 부통령일 때 알았어요. 저는 조를 선거유세하면서 알았습니다. 하지만 저는 처음에는 제 친구의 아버지로 알게 되었습니다.

Joe's son, Beau, and I served as Attorneys General of our states, Delaware and California. During the great recession, we spoke on the phone nearly every day, working together to win back billions of dollars for homeowners from the big banks that foreclosed on people's homes.

And Beau and I would talk about his family. How, as a single father, Joe would spend 4 hours every day riding the train back and forth from Wilmington to Washington. Beau and Hunter got to have breakfast every morning with their dad. They went to sleep every night with the sound of his voice reading bedtime stories. And while they endured an unspeakable loss, these two little boys always knew that they were deeply, unconditionally loved.

recession 불경기, 불황 | foreclose on ~의 소유권을 빼앗다 | unspeakable 이루 말할 수 없는 | unconditionally 무조건으로

조의 아들 Beau와 저는 우리 주, 델라웨어와 캘리포니아 법무장관으로 재직했었습니다. 경기가 대침체기였던 시기 거의 매일 전화 통화하면서 사람들의 주택 소유권을 빼앗아간 대형 은행들로부터 주택 소유자들이 수십억 달러를 되찾아갈 수 있도록 함께 노력했습니다.

Beau와 저는 혼자 아이들을 키우는 아버지인 조가 윌밍턴에서 워싱턴까지 열차를 타고 오가며 어떻게 매일 네 시간을 보내는지 얘기를 나누곤 했습니다. Beau와 Hunter는 아빠와 매일 아침식사를 했습니다. 그들은 아빠가 이야기책 읽어주는 소리를 들으며 잠자리에 들었습니다. 그리고 이루 말할 수 없는 상실감을 견뎌내는 동안 이 두 어린 소년들은 아빠로부터 깊이 무조건적인 사랑을 받고 있다는 것을 늘 알고 있었습니다.

Check the Vocabulary

I'm inspired by a new generation of leadership. You are pushing us to realize the ideals of our nation, pushing us to live the values we share: decency and fairness, justice and love.

You are the patriots who remind us that to love our country is to fight for the ideals of our country.

In this election, we have a chance to change the course of history. We're all in this fight.

You, me, and Joe—together.

What an awesome responsibility. What an awesome privilege.

So, let's fight with conviction. Let's fight with hope. Let's fight with confidence in ourselves, and a commitment to each other. To the America we know is possible. The America, we love.

inspire 영감을 주다, 고무하다 | conviction 확신 | commitment 약속, 헌신, 의지, 책임

저는 새로운 세대의 리더십에 영감을 받았습니다. 여러분은 우리가 우리나라의 이상을 실현하고, 우리가 공유하는 가치를 실천하도록 다그치고 있습니다. 품위, 공정, 정의와 사랑 말입니다.

여러분은 우리나라를 사랑하는 것은 우리나라의 이상을 위해 싸우는 것임을 상기시켜주는 애국자이십니다.

이번 선거에서 우리는 역사의 흐름을 바꿀 기회를 갖고 있습니다. 우리 모두 이 싸움을 함께 하는 것입니다.

여러분과 저, 조 다 함께 싸우는 것입니다.

정말 엄청난 책임감, 정말 엄청난 특권입니다.

그래서 확신을 갖고, 희망을 갖고, 우리자신을 믿고 싸웁시다. 서로에게 약속, 우리가 알고 있는 가능한 미국, 우리가 사랑하는 미국에 약속을 하고 싸웁시다.

🎧 19

Years from now, this moment will have passed. And our children and our grandchildren will look in our eyes and ask us: Where were you when the stakes were so high?

They will ask us, what was it like?

And we will tell them. We will tell them, not just how we felt. We will tell them what we did.

Thank you. God bless you. And God bless the United States of America.

이 순간은 지나고 오랜 세월이 흐른 후, 우리 자식들과 손자손녀들은 우리를 보면서 물어볼 겁니다. "대단히 위험한 시기에 어디에 계셨죠?"

그들은 "그때 어땠어요?"하고 물어볼겁니다.

그러면 우리는 자식들과 손자손녀들에게 우리가 느낀 것뿐만 아니라 우리가 한 것도 말할 것입니다.

감사합니다. 여러분에게 신의 축복이 있기를. 미국에도 신의 축복이 있기를.

California Attorney General
Kamala Harris Inaugural Address

카멀라 해리스 검찰총장 취임사

2011년 1월 3일. 캘리포니아 주 법무부

1990년부터 2017년까지 27년간 검사였던 카멀라 해리스의 캘리포니아주 검찰총장 1기 취임사다. 캘리포니아주민 모두를 중요시하는 검찰총장이 되겠다면서 이날 검찰총장으로서의 포부를 소상히 밝혔다. 카멀라 해리스의 긴 취임사를 읽어보면서 이때부터 대권도전의 꿈을 꾸지 않았나 하는 생각이 들었다.

Distinguished guests, ladies and gentlemen. Please welcome to the podium the honorable California Attorney General Kamala Devi Harris!

KAMALA HARRIS: Okay. Thank you, thank you, thank you, thank you, thank you! Thank you all! Madam Chief Justice, Governor Brown, all of the Constitutional Officers who I'll be working with - and I look forward to that - members of Congress, members of the State Senate and Assembly, men and women of law enforcement and the Attorney General's Office, honored guests, family and friends, I simply want to say: thank you! Thank you all!

I am deeply humbled by the trust you have placed in me, and I will never forget that it is you, the people of the State of California, whom I serve. I've been asked many times over the last months: what does your election mean? Here's what I think it means. It means every Californian matters. No matter who you are or where you're from, young, old, rich, poor, gay, straight, North, South, whether you've lost a loved one to violence, whether your community is being held hostage by gangs, whether you've been shut out by mortgage fraud or scammed by online predators, whether your neighborhood is downstream or downwind from corporate pollution, today with this oath we affirm the principle that every Californian matters.

Check the Vocabulary

straight 동성연애자가 아닌 사람 | **fraud** 사기 | **scam** 사기치다 | **predator** 포식자, 범죄자 | **oath** 선서 | **affirm** 확인하다

282

귀빈 여러분, 신사 숙녀 여러분, 훌륭하신 카멀라 해리스 검찰총장님을 환영해주시기 바랍니다.

감사합니다. 감사합니다. 감사합니다. 감사합니다. 감사합니다. 여러분 모두 감사합니다. 대법원장님, Brown 주지사님 그리고 제가 같이 일하기를 기대하고 있는 선출직 공무원 여러분, 하원 의원님들, 주의회 상하원 의원님들, 경찰과 검찰에서 일하시는 남녀 여러분들, 귀빈 분들, 가족과 친구들 모두에게 그냥 감사하다는 말을 하고 싶습니다. 감사합니다!

저는 저에 대한 신뢰에 몹시 겸허해집니다. 그리고 저는 제가 섬기는 분은 바로 여러분, 캘리포니아 주민들이라는 걸 절대로 잊지 않겠습니다. 저는 지난 몇 달 동안 여러 번 이 질문을 받았습니다. "당신의 당선은 어떤 의미입니까?" 저는 그것의 의미를 이렇게 생각합니다. 그것은 캘리포니아 주민은 모두 다 중요하다는 것을 의미합니다. 자기자신이 누구이고, 어디 출신이고, 나이가 어리든 많든, 부자이든 가난하든, 동성연애자이든, 동성연애자가 아니든, 북쪽에 살든 남쪽에 살든, 폭력에 사랑하는 사람을 잃었든, 여러분의 지역주민이 갱단에 의해 인질로 잡혀 있든, 담보 대출 사기로 집을 잃었든, 인터넷 범죄자들에 의해 사기를 당했든, 여러분이 사는 지역이 흐름을 따라, 또는 바람을 타고 기업의 오염 물질로 오염되든, 오늘 저는 이 취임선서로 캘리포니아주민은 모두 다 중요하다는 원칙을 학인합니다.

In the early days of common law, there was no public prosecutor. People had to fend for themselves. Lone individuals were forced to press charges and present cases on their own, often compelled to weigh the balance of a family's livelihood against the immediate moral necessity of justice. It goes without saying this was an especially oppressive system for everyday working people - a system that ultimately and tragically led many victims to seek justice outside the law.

So, I believe we should be especially proud as Americans that the Office of the Public Prosecutor was one of the first legal innovations that emerged in the United States. To be sure, it is one of the most profound innovations in the entire history of the rule of law, and it was based on a rather revolutionary notion that a crime against any one of us is a crime against all of us. Many times I've looked into the eyes of a crime victim and repeated this promise. It's not you alone versus the defendant, it's the people, the people of the State of California.

Check the Vocabulary

---

common law 관습법 | **fend for** 혼자 힘으로 꾸려나가다 | **It goes without saying** ~은 두말하면 잔소리다 | **outside the law** 법의 테두리 밖에서 | **emerge** 탄생되다, 출현하다

관습법 초기에는 검사가 없었습니다. 사람들은 스스로 꾸려가야 했습니다. 혼자 해결해야 하는 개인들은 스스로 알아서 고소하고 주장을 펼쳐야 했는데 종종 가족의 생계와 즉각적인 정의의 구현사이에서 따져봐야 하는 상황에 처하게 되기도 했었지요. 이것이 일반 노동자층에 특별히 가혹한 제도였다는 것이고 결국에는 비극적으로 많은 피해자들이 법의 테두리를 넘어 정의를 추구하게 한 제도였다는 점은 두말하면 잔소리죠.

그래서 저는 검찰청이 미국에서 탄생된 최초의 법적 혁신 중 하나였다는 사실에 대해 미국인으로서 특별히 자부심을 가져야 한다고 생각합니다. 정말로 그것은 법치주의 역사를 통틀어 가장 심도있는 혁신 중 하나이고 우리 중 누군가에게 가해진 범죄는 우리 모두에게 가해진 범죄라는 다소 혁명적인 개념에 기초한 것이었습니다. 저는 여러 번 범죄 피해자의 눈을 들여다보고 이런 약속을 반복했습니다. 그건 당신 혼자 대 피고가 아니고 사람들, 캘리포니아 주민들과 피고의 싸움이라는 약속을 말입니다.

20

Now, I grew up with a very personal understanding of the meaning of this promise. I am particularly proud to have started my career as a prosecutor in the Alameda County District Attorney's Office. And, yes, it is an office with a longstanding reputation as one of the best in the country. That all began, of course, with Earl Warren, who was Alameda County's District Attorney for 14 years and revered in the storied history of the Office as a great modernizer and innovator, and through a lifetime of service from the courtrooms of the East Bay to the California Attorney General's Office to the chambers of the United States Supreme Court.

Check the Vocabulary

longstanding 오래 계속되는 | **reputation** 평판 | **storied history** 오래된 역사

자, 저는 이 약속의 의미를 매우 개인적으로 이해하면서 성장했습니다. 저는 특히 Alameda 군 지방검사로 검사 경력을 시작한 것을 자랑스럽게 생각합니다. 네, 그것은 국내 최고라고 오랜 명성이 있는 검찰청입니다. 이 모든 것은 물론 Earl Warren에서 시작되었습니다. 그분은 Alameda 군 지방검사로 14년 동안 재직하면서 오랜 군 검찰역사에서 위대하게 현대화를 이룩한, 위대한 혁신가로서 존경받으셨고 East Bay 법정, 캘리포니아 검찰청, 미국 대법원 법정까지 평생을 법정에서 일하셨습니다.

🎧 20

As a career prosecutor, Earl Warren understood "separate but equal" was inherently unequal by the same logic that says: a crime against any one of us is a crime against all of us. So, ladies and gentlemen, on this day, let us remember the house that Earl Warren built. It is often said that a good prosecutor wins convictions, but a great prosecutor has convictions. And Chief Justice Warren put it this way: "Everything I did in my life that was worthwhile, I caught hell for."

So, to my fellow Californians, I say: in the coming 4 years, and in the continuing work of the Attorney General's Office, we are going to do whatever it takes. We are going to do whatever it takes - and catch hell if necessary in the cause of protecting and defending the lives and the livelihood of all Californians by moving beyond the status quo. I will tell you something. To do that, we are going to need to get tougher and smarter than we have ever been.

Check the Vocabulary

inherently 본질적으로, 본래 | **catch hell** 크게 혼나다 | **in the cause of** ~을 위해

평생을 검사로 살아온 Earl Warren은 "분리는 하지만 평등한" 정책은 우리 중 누군가에 대한 범죄는 우리 모두에 대한 범죄라는 논리에 따라 본질적으로 불공평했다는 것을 아셨습니다. 그래서 신사숙녀 여러분, 오늘 Earl Warren이 세운 집을 기억합시다. 흔히 훌륭한 검사는 유죄판결을 얻어냅니다만 위대한 검사는 신념을 갖고 있다고 합니다. 그래서 Warren 대법원장은 이렇게 말했습니다. "내 인생에서 내가 한 모든 것은 가치있는 일이었지만 내가 한 일로 (국민들로부터) 크게 혼났습니다"라고요.

따라서, 친애하는 캘리포니아주민 여러분, 저는 이걸 말씀드립니다. 앞으로 4년 동안 검찰청일을 계속하면서 우리는 필요한 건 뭐든지 할 겁니다. 현상유지를 넘어 모든 캘리포니아 주민들의 삶과 생계를 보호하고 지키기 위해서 필요하다면 혼도 날 생각입니다. 근데 말이죠. 우리가 그렇게 하기 위해서는 지금까지 했던 것보다 강인하고 영리해질 필요가 있다는 것을 말씀 드립니다.

Check the Vocabulary

🎧 20

For too long, our debates have been confused and divided by the false dichotomy painting someone as tough and others as soft. In too many cases, we have allowed politicians to sound tough without insisting on policies that are truly tough and sound. We have accepted a fundamental misdiagnosis of the problem: treating crime as a monolith with a one-size-fits-all solution instead of recognizing that our approach in the overwhelming majority of nonviolent offenders is failing us badly.

Being tough and smart means recognizing that we have a long-term imbalance in our criminal justice system in California, which we ignore at our own peril. When an appalling 70% of those released from our overburdened correctional system reappear in the revolving door within 3 years, when we spend twice as much on prisons as we invest in colleges and universities, and when we have organized violent criminal gangs that continue to present an expanding threat across borders and prison walls, it is time to recognize the need for some drastic repair.

Check the Vocabulary

dichotomy 양분, 이분 | **misdiagnosis** 오진 | **monolith** 단일 암체, 거대한 단일 조직 | **one-size-fits-all** 범용의, 두루 통용되도록 만든, 누구에게나 다 맞는

너무 오랫동안 우리의 논쟁은 어떤 사람은 강인하다고 평하고 다른 사람들은 부드럽다고 평하는 잘못된 이분법에 혼란스러웠고 분열되었습니다. 너무나 많은 경우에 우리들은 정치인들의 말이 강력하게 들리도록 허용했지만 그들은 자신들의 말을 강력하고 견실한 정책으로 이행하지 못했습니다. 우리는 이 문제를 근본적으로 오진했다고 인정했습니다. 즉, 압도적인 대다수 비폭력 범죄자들에 대한 우리의 접근법이 우리를 몹시 실망시키고 있다는 것을 인지하지 못하고 범죄를 누구에게나 다 적용되는 똑같은 방법으로 처리했다는거죠.

강인하고 영리하다는 것은 우리 캘리포니아 형사 사법제도에 장기적인 불균형이 존재하고 있음을 인지한다는 것을 의미합니다. 그런데 우리는 이걸 위험을 무릅쓰고 무시하고 있습니다. 우리의 과중한 교정시설에서 석방된 출소자들 중 간담을 서늘케하는 수치인 70%가 3년내에 재수감되고, 우리가 대학 투자에 비해 두 배나 더 교도소에 예산을 지출하고, 국경과 교도소내에서 이 나라의 조직 폭력 범죄조직의 위협이 계속해서 증대하고 있다면 과감한 손질에 대한 필요성을 인지할 때입니다.